Gisela Geiger

NLP – erfolgreiches Konfliktmanagement

Durch bewußte Wahrnehmung sich selbst und andere richtig
einschätzen und charakterisieren

Südwest

Inhalt

Erfolgreiche Kommunikation vermittelt ein Gefühl von Zufriedenheit.

Wagen Sie den Sprung, und haben Sie Vertrauen in sich selbst.

Sich schöner Momente zu erinnern, kann vergangene Glücksgefühle wieder wachrufen.

Grundaufgabe des NLP ist, sich gleichermaßen aller Sinnesorgane zu bedienen.

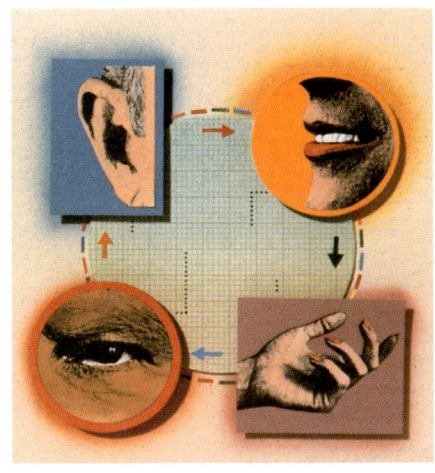

Falsche Schuldgefühle sind unnötig. NLP hilft, sich davon zu befreien.

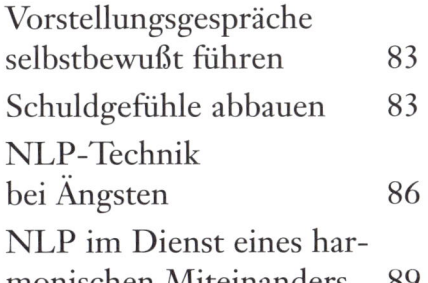

Vorwort

Als ich eines Tages in meiner Post eine Einladung zu einem Seminar für Neurolinguistisches Programmieren (NLP) fand, war ich zwar zuerst skeptisch, aufgrund der kurzen Darstellung aber trotzdem sehr interessiert. Wenn die Beschreibung auch nur annähernd stimmte, so folgerte ich, dann müsse NLP eine lebensverändernde Wirkung haben: Endlich könne man sich freier fühlen und Entscheidungen ohne äußere Einflüsse und Vorbehalte nach seinen eigenen Wünschen treffen. Diese Aussicht fand ich so faszinierend, daß ich mich kurz entschlossen zu dem Seminar anmeldete.

NLP aktiviert ungeahnte Kräfte

Schon der Einführungsabend verlief sehr spannend – und ich wußte, mit NLP eine große Entdeckung für mein Leben gemacht zu haben. Menschen jeder Altersgruppe waren vertreten. Am Ende dieses Lehrgangs schritten sogar die schüchternsten und ängstlichsten Teilnehmer über glühende Kohlen. Doch dies brauchte mich längst nicht mehr davon zu überzeugen, daß durch NLP ungeahnte, in uns schlummernde Kräfte aktiviert werden können. Mit NLP wird uns ein Werkzeug an die Hand gegeben, mit dem wir in der Lage sind, unser Leben selbständig zu gestalten. NLP ist ein aus der Praxis für die Praxis entwickeltes, effektives Modell menschlicher Kommunikation und Veränderung.
Dieses Buch soll Ihnen dabei helfen, sich selbst und andere bewußter wahrzunehmen und dadurch auch besser zu verstehen, unerwünschte emotionale Zustände und Verhaltensmuster aufzulösen und in eine positive Richtung zu bringen, Streß leichter zu bewältigen, sich von Ängsten zu befreien,

Das menschliche Gehirn, die zentrale Schaltstelle für alle Wahrnehmungen und Empfindungen, kann gezielt angesprochen werden, um bestimmte Wünsche und Ziele zu erreichen. Die Methode hierzu heißt NLP; sie ist leicht zu erlernen und hilft jedem, sich positiv zu verändern.

Einstellungen und Verhaltensweisen wunschgemäß zu verändern und im alltäglichen Leben und Umgang mit Menschen Erfolg zu haben. Sie lernen z. B., wie Sie bei einem wichtigen Gespräch eine gute Stimmung erzeugen, auf unwiderstehliche Art Ihre Forderungen durchsetzen und Ihre Gesprächspartner überzeugen. Dieses Buch zeigt Ihnen:

- Effiziente Wege, Ihre Kommunikation mit sich selbst und mit anderen zu verbessern
- Einfache Techniken, mit denen Sie Ihre Persönlichkeit gezielt entfalten können
- Praktikable Lösungen bei Erziehungs- und Lernproblemen mit Kindern

Mit NLP können Sie Ihre persönliche Schaffenskraft (wieder-)entdecken und das ganze Potential Ihrer bereits vorhandenen Fähigkeiten entfalten. NLP ist die lern- und erfahrbare Kunst von individueller Weiterentwicklung und Vervollkommnung, gelungener Kommunikation und persönlichen Höchstleistungen.

Die reale Welt und ihr Abbild

Das Bild der Welt, das der Mensch über seine Wahrnehmung erhält, ist immer nur ein Abbild, also nie die reale Welt selbst, die im NLP Gebiet genannt wird, so wie eine Landkarte auch nie die Landschaft selbst darstellt. Jeder schafft sich sozusagen seine eigene innere Landkarte der Welt und paßt sie mittels seiner fünf Sinne immer wieder von neuem veränderten Gegebenheiten an. Mit NLP lernen Sie nun, über den Rand dieser begrenzten Landkarte hinauszuschauen. Sie erfahren, daß man die Dinge auch ganz anders sehen, hören, riechen und empfinden kann. Sie entwickeln neue geistige Landkarten von der Welt. Damit werden Sie viel flexibler im Umgang und in der Kommunikation mit sich selbst und Ihren Mitmenschen.

Jeder Mensch hat ein individuelles inneres Bild von der Welt, nach dem er lebt und empfindet. NLP ermöglicht es, diese subjektive Wirklichkeit zu erforschen und – abgestimmt auf die persönlichen Bedürfnisse jedes einzelnen – zu beeinflussen.

Was ist NLP?

Therapeutische Strukturen waren Ausgangspunkt für die Entwicklung des NLP.

Die Begründer von NLP, John Grinder und Richard Bandler, fanden heraus, daß es gemeinsame Muster für alle Bereiche der menschlichen Kommunikation gibt, und zerlegten diese in lehr- und lernbare Schritte, aus denen das NLP entstand.

Die Anfänge und Begründer des NLP

NLP entstand in den frühen siebziger Jahren aus der Zusammenarbeit von John Grinder, der zu dieser Zeit Assistenzprofessor für Linguistik an der University of California in Santa Cruz war, und Richard Bandler, Student der Psychologie an derselben Universität. Gemeinsam untersuchten Grinder und Bandler die Methoden, die vier besonders erfolgreiche Therapeuten bei ihrer Arbeit anwendeten: Fritz Perls (Gestalttherapie), Virginia Satir (Familientherapie), Milton Erickson (Hypnosetherapie), Moshé Feldenkrais (Körpertherapie). Was machte gerade diese vier Persönlichkeiten so erfolgreich? Warum funktionierte die zwischenmenschliche Kommunikation zwischen diesen Therapeuten und ihren Patienten/Klienten so gut? Gab es Gemeinsamkeiten, die sich von jedermann nachahmen ließen?

Erlernbare Kommunikationsmuster

Bei dem intensiven Studium der Vorgehensweisen dieser Therapeuten fanden Bandler und Grinder grundlegende Strukturen und Muster, die Voraussetzung jeder professionellen Kommunikation sind. Aus den Erkenntnissen entwickelten sie mit der Zeit ein allgemeingültiges Modell, mit dem sich in vielen Bereichen des Lebens erfreuliche Resultate erzielen lassen: effektive Kommunikation, zielgerichtete Veränderung, beschleunigtes Lernen, mehr Lebensfreude und -qualität. Ihr Erfolgsmodell nannten sie Neurolinguistisches Programmieren, kurz: NLP. Seit diesen Anfängen sind bis heute eine Fülle hochwirksamer NLP-Methoden entwickelt worden, die in der psychotherapeutischen Beratung, im schulisch-pädagogischen Bereich, in der Wirtschaft und im Management angewandt werden.

Ausgehend von den ursprünglichen Modellen entwickelte sich das NLP in zwei sich ergänzende Richtungen: erstens als Verfahren zur Entdeckung der Muster von Höchstleistungen in jedem Lebensbereich, zweitens als Zusammenstellung der effektiven Möglichkeiten des Denkens und Kommunizierens mit sich selbst und anderen, die von sehr erfolgreichen Menschen benutzt werden. Die entdeckten Denkmuster und Fertigkeiten in der Kommunikation können vor allem in den Prozeß der Modellbildung (siehe Übungen Seite 42ff.) jederzeit und von jedem eingebracht werden.

Was NLP bedeutet

Der Name **N**euro**l**inguistisches **P**rogrammieren verweist auf das systematische Zusammenwirken von

- Körperlichen oder **n**europhysiologischen Prozessen
- Sprachlichem oder **l**inguistischem Ausdruck
- Subjektiven Denk- und Verhaltens**p**rogrammen

Sowohl innere Prozesse, wie Körperfunktionen oder Gedanken, als auch äußere Wahrnehmungen, wie Geräusche und Gerüche, lösen über das Nervensystem Reaktionen aus. Dieses wechselseitige Zusammenspiel führt dazu, daß ein körperlicher Zustand bestimmte Denk- und Verhaltensweisen und einen spezifischen Sprachstil zur Folge haben kann, daß Gedanken zu physiologischen Veränderungen führen und sprachliche Äußerungen bestimmte Emotionen und Handlungen bewirken können.

Das Gehirn des Menschen ist ein kompliziertes Funktionssystem für Aufnahme, Speicherung und Auswertung von Informationen. Es steuert über neuronale (nervliche) Verknüpfungen körperliche Reaktionen, Verhaltensweisen und Empfindungen.

7

Über unsere sinnlichen Eindrücke erhalten wir Zugang zu unserer Außenwelt. Sie sind der Grundstein unserer Kommunikationsfähigkeit.

»N« wie Neurologie

Über unsere Sinnesorgane Augen, Ohren, Nase, Mund und Haut nehmen wir die Welt um uns herum wahr. Wir erleben von außen kommende Reize mit allen unseren Sinnen: Wir sehen, hören, riechen, schmecken, fühlen und berühren die äußere, objektive Welt. Diese sinnlichen Eindrücke gelangen über Nerven ins Gehirn, wo sie entsprechend unseren gespeicherten Erfahrungen subjektiv verarbeitet werden.

Im Gehirn wird nicht nur die Bedeutung eines Worts gespeichert, sondern gleichzeitig körperliche und emotionale Erfahrungen, die ein Mensch in Verbindung mit diesem Wort macht. Zu einem späteren Zeitpunkt werden also auch vergangene Emotionen und Reaktionen wieder wachgerufen.

»L« wie Linguistik

Der zweite Wortteil des Namens NLP steht für sprachliche Vorgänge, die wir einerseits zur Kommunikation mit anderen und andererseits zur rein gedanklichen Kommunikation mit uns selbst verwenden (innerer Monolog). Nach Talleyrand, einem französischen Staatsmann zur Zeit Napoleons, ist »die Sprache dem Menschen gegeben, um seine Gedanken zu verbergen«. Der Mensch kleidet seine Gedanken und Sinneserfahrungen in Worte. Mit Sprache erschaffen wir uns unsere subjektive Wirklichkeit, unsere persönliche Sicht der Welt. Sprache ist sozusagen ein verbaler Filter, durch den wir Umwelt und Mitmenschen wahrnehmen und auswählen.

»P« wie Programmieren

Sicherlich haben Sie schon einmal darüber nachgedacht, warum Sie so sind, wie Sie sind. Da sind die Einflüsse durch die Eltern, die Schule und den Freundeskreis. Alles, was wir bereits während der Schwangerschaft über die Mutter und dann nach der Geburt erleben, prägt uns für unsere Zukunft, legt unseren Charakter, unsere Wesensart und vor allem unsere Verhaltensweisen fest. Diese zumeist unbewußten Muster oder Prägungen bestimmen unsere Persönlichkeit, unsere Art und Weise, so und nicht anders zu denken und zu handeln. Mit diesen Verhaltensprogrammen reagieren wir auf wiederkehrende, ähnliche Situationen in einer bestimmten, individuellen Form.

König Ihrer Gedanken und Gefühle

Mit dem NLP arbeiten wir an der Aufdeckung und Bewußtmachung dieser drei Punkte: unserer sinnlichen Wahrnehmung, unserer verbalen Sprache und nonverbalen Körpersprache und unserer manchmal stereotypen Verhaltensprogramme und -gewohnheiten. Routinemäßige Gewohnheiten können wie Automatismen ablaufen, so daß wir uns nur noch in einem eingeschränkten Verhaltensraster bewegen. Das Verhaltensrepertoire insgesamt, im NLP Ressourcen genannt, ist jedoch unendlich viel größer und vielfältiger.

Das NLP beschäftigt sich nicht mit Ursachen von Problemen, die weit zurück in der Vergangenheit liegen können.

Innere Denkprozesse steuern unser Handeln. Sie werden bereits in früher Kindheit erlernt und eingeübt – und so scheinbar ein Teil unserer Identität. Grundlegend für das NLP ist, diese inneren Prozesse als veränderbar zu erkennen.

Vielmehr widmet es sich den daraus resultierenden Denksystemen, den Einstellungen, die bis ins Jetzt hinein unsere Gefühle, seelischen Zustände und Handlungen bestimmen. Jedes vergangene Erlebnis hinterläßt seine Spuren in unserem Gedächtnis. Es ist gekoppelt an gewisse Empfindungen und Gefühle, wenn wir uns in der Gegenwart daran erinnern. Ein negatives Erlebnis läßt sich nicht ungeschehen machen; jedoch können die damit verbundenen negativen Gedanken und Gefühle, die ihm hartnäckig anhaften und Sie in Ihrem Verhalten behindern, mit Hilfe von NLP in positive umgewandelt werden.

Ihre Gedankenwelt ist so großartig wie ein Königreich, in dem Sie der Herrscher sein, über Ihre Verhaltensweisen und emotionalen und seelischen Zustände regieren sollten. Mit NLP lernen Sie, sich Ihre unbewußten Denk- und Gefühlsstrukturen bewußtzumachen und sie sehr gründlich auf ihren Nutzen hin zu überprüfen. Sie erfahren, wie Sie direkt und gezielt auf bestimmte Verhaltensmuster Einfluß nehmen, alte Gewohnheiten verändern oder aufgeben und neue Verhaltensweisen hinzugewinnen. Das NLP bietet eine ungeheure Chance, das Leben so flexibel und zielgerichtet zu gestalten, wie Sie es sich wünschen und erträumen.

Mit NLP können Sie lernen, Ihre Sinne zu schärfen, sich bewußt klare Ziele zu stecken und in Konfliktsituationen flexibel zu reagieren. Sie lernen auch, die Balance zu halten zwischen Ihren individuellen Bedürfnissen und den Wünschen und Vorstellungen Ihrer Mitmenschen.

Träume – unsere wertvollen Lebenshelfer

Wir alle lieben schöne Träume, und wenn Sie noch keinen Lebenstraum haben, so erschaffen Sie einen in Ihrer Gedankenwelt. Wo kein Traum ist, kann auch keiner erfüllt werden. Beherzigen Sie die Worte von Marie von Ebner-Eschenbach: »Nenne dich nicht arm, weil deine Träume nicht in Erfüllung gegangen sind. Wirklich arm ist nur, der nie geträumt hat.« Denken Sie so oft wie möglich an Ihren Lebenstraum, dann werden Sie sich durch Ihre Gedankenkraft auch auf ihn zubewegen. Wenn es Ihnen einmal nicht so gut geht, sollten

Sie sich besonders intensiv an ihn erinnern. Ihre Gedanken und Gefühle halten sich daran fest und heben Ihre Stimmung. Man braucht nur einen kurzen Moment, um sich einen Glückszustand vorzustellen, und der ganze Körper fühlt sich voller Freude. Wir sind der Baumeister unserer Gedanken und Gefühle und somit unseres Lebens.

Wichtige Grundannahmen im NLP

Bevor Sie sich mit den NLP-Techniken und -Übungen im Detail auseinandersetzen, vorweg einige essentielle Annahmen, die dem NLP als Philosophie zugrunde liegen.

1. Der Mensch ist Urheber seiner Welt und damit seines Schicksals. D. h., daß Sie sich Ihre Welt selbst »konstruieren« durch die Art, wie Sie sie wahrnehmen, selbst in Situationen, in denen Sie sich als völlig machtlos empfinden.

2. Jeder Mensch besitzt genügend Wissen und Fähigkeiten, um seine Probleme zu lösen. Er kann (fast) jedes gewünschte Ziel verwirklichen. Sie können lernen, Ihr Denken, Erleben und Handeln selbst zu steuern.

3. Jedes Verhalten ist in einem bestimmten Kontext ein sinnvolles Verhalten. Es hat ein positives Ziel für den Betreffenden. NLP bietet Verhaltensmöglichkeiten an, um dieses Ziel auch positiv zu verwirklichen.

4. NLP will erreichen, etwas zu verbessern und positiv für sich zu verändern. Sie geben erst etwas auf, wenn Sie es durch eine bessere Möglichkeit ersetzen können.

5. Ihr Unterbewußtsein ist Ihr Freund. Sie können sich Zugang zu ihm verschaffen und sein Wissen und seine Fähigkeiten nutzen.

6. Die Vorgehensweise beim NLP ist systematisch lösungsorientiert und nicht analytisch problemorientiert. Was zählt, ist das angestrebte Ziel.

Die eigene innere Welt entdecken – das ist das Ziel von NLP. Es gibt Ihnen Vorgehensweisen an die Hand, die das eigene Potential, die eigene Kraft entdecken und einsetzen helfen, die Gefühle und Gedanken zielgerichtet steuerbar machen.

11

Unsere fünf Sinne

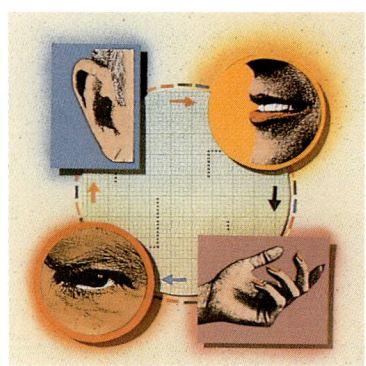

Grundaufgabe des NLP ist es, sich gleichermaßen aller Sinnesorgane zu bedienen.

Eines der wesentlichen Ziele im NLP-Training ist es, unsere fünf Sinne zu schärfen. Dies erst ermöglicht uns, unsere einzelnen Wahrnehmungskanäle bewußter und zielgerichteter einzusetzen und auch die Wahrnehmungsvorlieben anderer Menschen besser einzuschätzen.

Repräsentationssysteme oder Modalitäten

Das NLP unterscheidet fünf sogenannte Repräsentationssysteme, auch Modalitäten genannt. Darunter versteht es die Art und Weise, wie wir unsere innere und äußere Welt wahrnehmen, wie wir Informationen in unserem Gehirn in einem oder mehreren der fünf Sinneskanäle verschlüsseln:

- Über die Augen – visuell
- Über die Ohren – auditiv
- Über das Gefühl – kinästhetisch
- Über den Geruch – olfaktorisch
- Über den Geschmack – gustatorisch

Die Rezeptoren der Sinnesorgane melden dem Gehirn äußere Reize, die selektiert und als angenehm oder unangenehm bewertet werden. Dann folgt eine körperliche und/oder emotionale Reaktion auf den Sinnesreiz.

Wenn wir uns »nur« in unserer Phantasie, also innerlich, etwas vorstellen, benützt unser Gehirn dieselben neurologischen Wege, wie wenn wir etwas direkt, d. h. äußerlich, erleben. Jeder Mensch nimmt seine Erfahrungen unterschiedlich wahr. In der Regel benutzt er einen seiner Sinneskanäle stärker als die anderen: Ein visueller Wahrnehmungstyp sieht die Welt primär durch seine Augen, ein auditiver Typ hört verstärkt Klänge, Stimmen, Geräusche, Melodien, der olfaktorische Typ wird primär von guten oder schlechten Gerüchen geleitet, wohingegen ein kinästhetischer Typ mehr seiner inneren Stimme und den Gefühlen »aus dem Bauch heraus« vertraut. Der jeweils dominierende Sinneskanal übt ganz automatisch den stärksten Einfluß auf unsere Denk-, Gefühls- und Sprachstrukturen aus. Menschen, die außergewöhnlich leistungsstark und erfolgreich sind, haben die Fähigkeit, das jeweils passende Repräsentationssystem für die zu erledigende Aufgabe einzusetzen – egal, auf welchem Gebiet.

Wir wollen im folgenden auf die drei wichtigsten Repräsentationssysteme, das visuelle, auditive und kinästhetische, näher eingehen. Diese werden von den meisten Menschen in erster Linie genutzt. Der olfaktorische und der gustatorische Sinn stehen nicht so ausgeprägt im Vordergrund und sind häufig mit dem kinästhetischen Sinn verwoben.

Das visuelle Repräsentationssystem

Über unsere Augen nehmen wir die äußere, reale Welt und die innere, mentale Vorstellungswelt wahr. In unserer Gedankenwelt entstehen Bilder, Farben und Formen. Ein stark visuell veranlagter Mensch wird in seiner Sprache häufig bildhafte Darstellungen verwenden, z. B.: Edith hat letztes Jahr bei der Geburtstagsfeier eine blaukarierte Bluse getragen, die nicht zu ihrer Haarfarbe paßte, oder: Neben dem Urlaubshotel parkte immer ein riesiger gelber Straßenkreuzer. Ein Augentyp neigt dazu, schnell und laut zu sprechen, weil er seine inneren Bilder beschreiben will, die temporeich wie ein Film in seinem Gehirn ablaufen. Er fühlt sich am ehesten zu Hause in einem Beruf als Fotograf, Designer, Maler, Dekorateur oder Werbestratege. Er hat viel Freude an allem, was schön aussieht, beispielsweise an harmonischen Gemälden, schönen Kleidern, bunten Blumen und Farben in der Wohnung und am Arbeitsplatz.

Durch äußere Wahrnehmungen wird die innere Welt mit Informationen gespeist. Je mehr man einen Sinneskanal bevorzugt, desto größer ist die Gefahr, daß andere verkümmern. Versuchen Sie also, all Ihre Sinne zu nutzen. Das bereichert Ihre innere Welt und ermöglicht Ihnen flexibleres Reagieren auch in schwierigen Situationen.

Je nachdem, ob Sinneseindrücke gemäß der individuellen Erfahrung als wohltuend oder abstoßend bewertet werden, lösen sie positive oder negative Gefühle aus. So kann ein und derselbe Reiz von zwei Menschen sehr unterschiedlich empfunden werden.

Das auditive Repräsentationssystem

Ist das auditive System bei einem Menschen stark ausgeprägt, so nimmt er primär Geräusche, Stimmen, Melodien, Klänge, Tonfall usw. wahr und reagiert auch darauf. Vertreter dieser Gruppe sind meist Musikliebhaber, die gern selbst musizieren, viel Radio hören und in Konzerte gehen. Der auditiv geprägte Mensch wählt seine Worte eher vorsichtig, er spricht relativ langsam und mit getragener Stimme. Bei Konzertbesuchen und eigener musikalischer Betätigung empfindet er besonders heftige Emotionen. Meeresrauschen und Waldesstille rufen bei naturverbundenen auditiven Menschen beglückende Seelenerlebnisse hervor.

Das kinästhetische Repräsentationssystem

Unser Tast- oder Gefühlssinn wird als kinästhetisches System bezeichnet. Äußerlich schließt es Berührung, Temperatur und Feuchtigkeit ein. Innerlich umfaßt es Gefühle von

Auch das Riechen kann positive wie negative Gefühle auslösen. In der Nase liegen unsere Geschmacksnerven – und Geschmäcker sind Gott sei Dank verschieden.

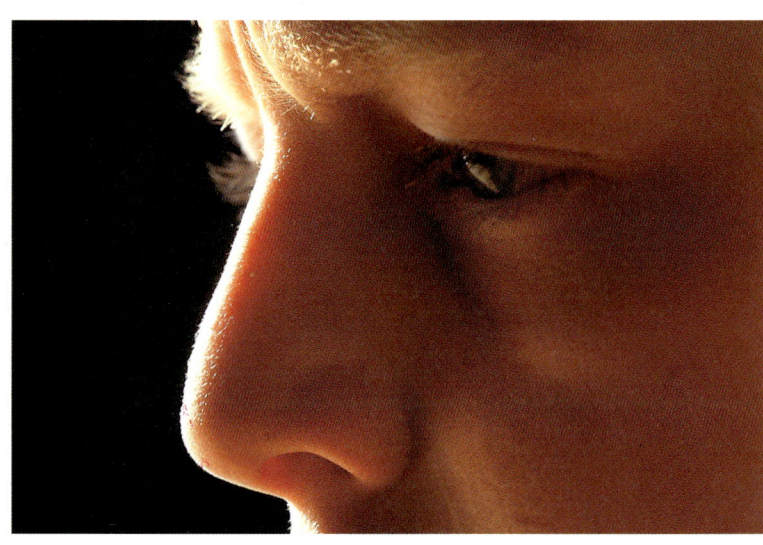

Balance und Körperbewußtsein und gibt uns Botschaften über den Bewegungsablauf unseres Körpers. Ein kinästhetisch betonter Mensch spricht meist noch langsamer als ein auditiver. Für ihn ist alles sehr intensiv; er muß für alles zuerst »ein Gefühl bekommen«, bevor er sich dazu äußert. Ein Gefühlstyp beschäftigt sich bevorzugt mit Sport, Tanz, Schauspielerei, einem medizinischen oder Pflegeberuf. Er liebt mildes Klima. Alles, was sich an seinem Körper besonders schön und angenehm anfühlt, übt eine stärkende, positive Wirkung auf ihn aus.

Was Augenbewegungen aussagen

An den Augenbewegungen eines Menschen ist zu erkennen, welches Sinnes- bzw. Repräsentationssystem gerade benutzt wird. Wenn Sie z. B. schnell und gut eine bestimmte Situation einschätzen wollen, dann kann Ihnen die Kenntnis der Bedeutung von Augenbewegungen dabei sehr helfen. Welches der drei genannten Sinnessysteme nun der einzelne Mensch bevorzugt, ob er eher in Bildern, Geräuschen oder Gefühlen denkt und spricht, läßt sich im nonverbalen, körpersprachlichen Bereich an der Körperhaltung und an den Augenbewegungen erkennen. In der Graphik auf Seite 16 sind die sogenannten Augenzugangshinweise dargestellt. Sie zeigen die unterschiedlichen Richtungen an, in die sich unsere Augen bewegen, je nachdem, welches Repräsentationssystem gerade benutzt wird. Es wurden dabei Unterschiede zwischen erinnerten und selbstkonstruierten, also imaginären Repräsentationssystemen festgestellt. Wenn wir uns z. B. an ein vergangenes Erlebnis erinnern und es uns vorstellen, so bewegen sich unsere Augen nach oben links (visuell). Versuchen wir jedoch, ein imaginäres Bild zu visualisieren, so bewegen sich die Augen eher nach oben rechts (ebenfalls visuell). Stellen wir uns einen bestimmten

Augen sind verräterisch – im positiven wie im negativen Sinne. Mal abgesehen von einer Reaktion auf den Lichteinfall bedeutet die Vergrößerung der Pupillen z. B. eine bejahende emotionale Spannung. Verengen sich die Pupillen, bedeutet das abwehrende oder sogar feindselige Gefühle.

Wenn wir ein Gespräch mit jemandem führen, nehmen wir nicht nur die verbalen Informationen auf, sondern auch die Signale der Körpersprache. Manchmal liegt ein Widerspruch zwischen dem Gesagten und dem körperlichen Verhalten vor. Das läßt sich auch an der Bewegung der Augen ablesen.

Klang vor, den wir in unserem Kopf konstruieren, so bewegen sich die Augen meistens nach rechts zur Seite (auditiv). Sie können mit Hilfe der Augenstellungen Ihrem Erinnerungsvermögen auf die Sprünge helfen. Wenn Sie versuchen, sich an etwas Vergangenes zu erinnern, so können Sie leichter Zugang zu den gesuchten Informationen bekommen, wenn Sie Ihre Augen in die entsprechende Stellung bringen. Sollten Sie sich an etwas erst kürzlich Stattgefundenes und Gesehenes erinnern wollen, so blicken Sie nach links oben oder schauen geradeaus. Es ist schwierig, sich an Bilder zu erinnern, wenn Sie nach unten schauen.

Visuell konstruierte Bilder — Visuell erinnerte Bilder

Konstruierte Klänge — Erinnerte Klänge

Kinästhetisch (Gefühle und Körperempfindungen) — Auditiv digital (Innerer Dialog)

Bedeutung der Augenbewegungen, wenn Sie dem anderen gegenüberstehen.

Führen Sie doch mal ein Fragespiel mit einem Freund oder einer Freundin durch, und beobachten Sie dabei die Augenstellung Ihres Gegenübers. Besser ist, wenn die Person zunächst nicht weiß, um was es geht, um eine Verspannung oder Eigenmanipulation zu vermeiden.

Die hier gegebenen Beispiele sollen als Anregung dienen. Die folgenden Fragen erfordern die jeweiligen Augenstellungen Ihres Gegenübers.

• Visuelle Erinnerung: Augen wandern nach oben rechts. Z.B.: Welche Farbe hatte das Kleid der Kollegin, das sie gestern trug? Welches Muster hatten die Tapeten des letzten Urlaubshotels?
• Visuelle Konstruktion (imaginäres Bild): Augen gehen nach oben links.
Z.B.: Wie würde der Freund mit einem Bart aussehen? Wie wird der Name des Freundes/Freundin rückwärts buchstabiert?
• Auditive Erinnerung: Augen gehen zur rechten Seite.
Z.B.: Sich eines Musikstücks tonal erinnern, das ein Rendezvous begleitet hat; das Rauschen von Wasserfällen, die man bei der letzten Bergwanderung sah, regelrecht »hören«.
• Auditive Konstruktion: Augen gehen zur linken Seite.
Z.B.: Wie würde es sich anhören, wenn man gleichzeitig fünf verschiedene Schallplatten abspielen würde? Was würde es für ein Geräusch geben, wenn jemand ein Klavier aus dem zweiten Stock des Hauses werfen würde?
• Auditiv digital (innerer Monolog): Augen gehen nach rechts unten.
Z.B.: In welchem Tonfall spricht man mit sich selbst? Was ist im Moment im Leben am wichtigsten?
• Kinästhetische Systeme (einschließlich Geruch und Geschmack): Augen gehen nach links unten.

Ist man offen für die Signale der Körpersprache, können viele Begegnungen und Unterhaltungen leichter und erfolgreicher verlaufen. In manchen sprachlosen Augen-Blicken spürt man: Nonverbales kann mehr aussagen als viele Worte.

Z. B.: Sich vorstellen, in ein nasses, kaltes Hemd zu schlüpfen; wie man sich nach einem gelungenen, guten Essen fühlt; wie es ist, wenn man einen gesalzenen Schluck Kaffee trinkt, weil Salz und Zucker verwechselt wurden.

Hier kommt es auf den Denkprozeß an, nicht auf die eigentliche Antwort des Gegenübers. Die Augen bewegen sich sehr schnell und müssen aufmerksam beobachtet werden, um die Hinweise darin erkennen zu können. Sie zeigen die Reihenfolge (Sequenz) der Repräsentationssysteme an, die ein Mensch benützt, um die gestellten Fragen zu beantworten. Wenn Sie eine Frage stellen, die eine Visualisierung hervorrufen sollte, die Zugangshinweise jedoch anders sind, dann ist das ein Zeichen für kreatives und flexibles Denken des Betreffenden. Bedenken Sie: Bei ungefähr fünf bis zehn Prozent der Menschen können die Zugangshinweise seitenverkehrt auftreten – z. B. bei Linkshändern.

Modalitäten erfassen, über welche Sinneskanäle wir einen Reiz aufnehmen, stellen also das Grobraster der Wahrnehmung dar. Submodalitäten beschreiben die Nuancierungen, mit denen Reize verarbeitet werden. So kann z. B. ein und dasselbe Musikstück als wohltuend empfunden werden, weil die Lautstärke angenehm ist, aber auch als enervierend, weil es zu laut ist.

Submodalitäten

Neben diesen drei Repräsentationssystemen oder Modalitäten, mit denen wir die Welt visuell, auditiv und kinästhetisch erfahren, unterscheidet das NLP noch sogenannte Submodalitäten. Sie sind die Bausteine der Sinne und Gedanken, aus denen jedes Bild, Geräusch oder Gefühl zusammengesetzt ist. Jeder Gedanke, den wir denken, jede Erinnerung, die wir uns ins Gedächtnis rufen, weist eine Feinstruktur von Submodalitäten auf.

Mit Hilfe von NLP lernen Sie, sich dieser meist unbewußten Submodalitäten einer Erfahrung bewußt zu werden und sie zu verändern. Beispiel: Sie haben eine schlimme Erfahrung mit einem Menschen gemacht. Die Erinnerung daran verfolgt und belastet Sie. Diese Macht, Ihnen noch in der

Gegenwart schlechte Gefühle zu bereiten, ist eine Folge der Art, wie Sie an die Erfahrung zurückdenken. Das unangenehme Ereignis als solches können Sie zwar nicht mehr verändern, jedoch die Erinnerung daran. Das geschieht, indem Sie das mentale Bild bzw. die Vorstellung über das persönliche Erlebnis vor Ihrem geistigen Auge wie ein Regisseur beliebig verändern. Wie mit der Fernbedienung eines Fernsehers können Sie die Bilder, Geräusche und Gefühle, die in Ihrem Kopf entstehen, mit den einzelnen Submodalitäten bewußt verändern. Das Ganze ist nur eine Sache der Übung und der Erfahrung.

Übung: Positives verstärken, Negatives abschwächen

Machen Sie eine kleine Übung mit den Submodalitäten: Denken Sie zurück an ein Erlebnis, das Sie gefühlsmäßig stark bewegt hat. Stellen Sie sich die Situation genau vor, und achten Sie darauf, daß die erinnerten Bilder klar und hell sind. Versuchen Sie dann, die Helligkeit zu verstellen, indem Sie die Bilder dunkler werden lassen. Sie können die Bilder auch schwarzweiß machen, wenn sie Ihnen farbig erschienen sind, oder umgekehrt. Rücken Sie sie weiter von sich weg, holen Sie danach alles wieder näher heran. Spielen Sie ein wenig damit. Beobachten Sie dabei, wie alles auf Sie wirkt, und finden Sie die für Sie entscheidende Submodalität heraus.

Sich selbst aufbauen mit positiven Gedanken

Während dieses Vorgangs sehen Sie sich selbst, sozusagen als Akteur, mit eigenen Augen – im NLP: Sie sind ganz und gar assoziiert mit dem Erlebnis. Sind Ihre Gefühle positiver Natur, dann können Sie sie verstärken, indem Sie die Bilder hell und in schönen Farben erstrahlen lassen. Bei positiven Erinnerungen sollte die vorgestellte Situation immer hell,

Am Anfang kann es Ihnen helfen, wenn Sie sich die Submodalitäten notieren. Schreiben Sie so genau wie möglich auf, was Sie in einer erinnerten Situation empfinden: Wie sehen Sie das innere Bild? Schwarzweiß? Bunt? Hören Sie Geräusche? Laut? Leise? Riechen Sie sogar etwas? Je genauer Sie all das bestimmen, desto leichter wird es, negative Sinneseindrücke gegen positive auszutauschen.

strahlend, farbig und nah bei Ihnen sein, um die Wirkung zu intensivieren. Genießen Sie diesen Zustand eine Zeitlang, speichern Sie die guten Erinnerungen dann in Ihrem Gehirn ab. Diese positiven Gefühle können Sie sich, wann immer Sie es wünschen, wieder in Ihr Gedächtnis zurückrufen.

Sollten Sie an ein negatives Erlebnis gedacht haben, so gehen Sie zunächst in der gleichen Weise vor wie in der Übung auf Seite 19 beschrieben.

Sobald die Situation und die dadurch ausgelösten negativen Gefühle präsent sind, dissoziieren Sie sich davon. Dies gelingt am einfachsten, wenn Sie versuchen, sich selbst von außerhalb, sozusagen mit den Augen einer anderen Person, zu betrachten. Beobachten Sie sich, wie Sie aussehen, gestikulieren und sprechen. Dies wird Ihr Gefühl für diese erlebte Situation verändern.

Sich von einer schlechten Erinnerung zu dissoziieren nimmt ihr die emotionale Macht, die sie auf uns ausüben kann. Ein unangenehmes Erlebnis kann dadurch seine Schmerzhaftigkeit verlieren, ein angenehmes an Freude gewinnen.

Durch den Dissoziierungsvorgang werden die Gefühle in eine Entfernung gerückt, die es zuläßt, sich ruhig und überlegt mit dem Erlebten zu beschäftigen. Diese Technik wird in NLP-Kreisen als Basis zur Verarbeitung von Ängsten angewandt.

Sich von Unangenehmem dissoziieren

Wenn Sie sich von Ihren negativen Erlebnissen dissoziiert haben, so lassen Sie vor Ihrem inneren Auge die Bilder der Situation kleiner und blasser werden. Rücken Sie sie weiter von sich weg, bis sie schließlich am geistigen Horizont verschwunden sind.

Beobachten Sie dabei Ihre Gefühle: Sie werden feststellen, daß das Erlebnis nun nicht mehr so stark auf Sie wirkt, daß es also seine negative Macht auf Sie verloren hat.

Assoziieren bedeutet im NLP, gleichsam die Hauptrolle in einem inneren Film zu spielen, Dissoziieren dagegen, Zuschauer dieses Films zu sein. Zum Erlernen des Dissoziierens können Sie sich vor einen Spiegel stellen und sich genau betrachten. Schließen Sie dann die Auge, und rufen Sie ein inneres Bild von sich auf. Dieses Bild sollte im Laufe der Zeit so detailliert wie möglich erscheinen.

Es ist in fast jedem Leben unvermeidlich, daß schlimme Dinge passieren, die Konsequenzen für unser Leben haben. Aber auf welche Weise und wie lange sie uns in unserem jetzigen Leben noch belasten, ist eine Folge der Art, wie wir an sie denken. Befinden wir uns in einem ressourcenarmen, d. h. in einem negativen Zustand, so sind Ängste und Sorgen nicht weit. Sollte Ihre innere Stimme Sie immer wieder in einen ressourcenarmen, negativen Gefühlszustand versetzen, so führen Sie die oben beschriebene Übung so oft durch, bis die Erinnerung keine quälenden oder schmerzlichen Gefühle mehr bei Ihnen hervorruft.

Das erreicht man mit NLP

Die Kunstfertigkeit im NLP besteht darin, negative, ressourcenarme Gefühlszustände in positive, ressourcenreiche umzuwandeln.

Befinden Sie sich in einem ressourcenreichen, also positiven Gefühlszustand, so sind Sie auch erfolgreich, glücklich und guter Dinge. Diese NLP-Methode ist sehr hilfreich, um gesund zu sein und zu bleiben. Moderne Krebsforscher (Onkologen) machen schon seit geraumer Zeit negative Seelenzustände, die von einer inneren (Nörgel-)Stimme über viele Jahre hinweg begleitet werden, zu einem Großteil für Krebskrankheiten verantwortlich. An einer späteren Stelle in diesem Buch finden Sie weitere Übungen, wie Sie mit den Submodalitäten arbeiten und diese verändern können (siehe auch »Die Swish-Technik«, Seite 66ff.).

Wenn das Gehirn also das nächste Mal eine schmerzhafte Szene heraufbeschwört, dissoziieren Sie sich davon, und lassen Sie die negativen Empfindungen immer schwächer werden. Genießen Sie umgekehrt angenehme Erinnerungen, indem Sie sich voll und ganz mit ihnen assoziieren; experimentieren Sie auch mit positiven Submodalitäten!

Die meisten Menschen erleben nur eine bestimmte Anzahl von Emotionen, weil sie an diese gewöhnt sind, sich Verhaltensmuster eingeschliffen haben. Versuchen Sie, dieses Automatismen zu erkennen und zu durchbrechen! Lassen Sie auch ungewohnte Gefühle zu! So können Sie Situationen völlig neu wahrnehmen.

Hier finden Sie eine Aufstellung zur Definition von Submodalitäten. Sie soll Ihnen helfen, eine Situation so genau wie möglich zu beschreiben und auch mit verschiedenen Nuancen von Sinneseindrücken zu experimentieren.

Bestimmen von Submodalitäten

VISUELL

- Helligkeit, Größe
- Vergrößerung, Verkleinerung
- Farbig oder schwarzweiß, kräftige Farben, pastellhafte Farben, Gestalt, Lage, Entfernung, Kontrast, Klarheit, Fokus, Dauer
- Standbild, bewegtes Bild, Geschwindigkeit, Richtung der Bewegung
- Tiefe (zwei- oder dreidimensional), flach, perspektivisch, Draufsicht
- Assoziiert (durch die eigenen Augen gesehen) oder dissoziiert (sich selbst zusehend aus einer Beobachterposition heraus)
- Vordergrund, Hintergrund . . .

AUDITIV

- Wörter, Klänge, Geräusche
- Tonhöhe, Tempo, Klangfülle
- Rhythmus (gleichmäßig anhaltend oder unterbrochen)
- Mono oder stereo
- Lautstärke (laut oder leise)
- Klangcharakter (weich oder hart)
- Herkunft des Geräusches (Ort)
- Entfernung von der Klangquelle (nah oder fern) . . .

KINÄSTHETISCH

- Druck (hart oder weich)
- Gewicht (leicht oder schwer)
- Oberflächenbeschaffenheit (rauh oder glatt)
- Ausmaß, Ausdehnung, Größe
- Temperatur (heiß, kalt oder lauwarm)
- Intensität (stark oder schwach) . . .

OLFAKTORISCH UND GUSTATORISCH

- Wohlriechend, verraucht, süß-sauer, bitter, salzig, verbrannt, saftig . . .

Alles kann ein Anker sein

Im NLP werden äußere und innere Sinnesreize als Anker bezeichnet. Sie können sowohl in der eigenen wie in einer anderen Person gefühlsmäßige (kinästhetische) Reaktionen auslösen, bestimmte Denk- und Verhaltensmuster, Erinnerungen und sogar ganze Denksysteme hervorrufen. Anker entstehen entweder in einem Zustand starker emotionaler Beteiligung oder durch Wiederholung, wie es z. B. in der Werbung geschieht.

Der Einfluß der Reize

Externe Reize können extrem starke positive oder negative Zustände auslösen. Das Wort »Prüfung« ist deshalb ein negativer Anker, weil es in den meisten Menschen ein Gefühl von Angst und Selbstzweifel bewirkt. Ein positiver (Alltags-) Anker ist beispielsweise, wenn man dasselbe After-shave oder Parfüm trägt wie beim letzten erfolgreichen Rendezvous oder Geschäftstreffen. Der Duft (olfaktorischer Anker) weckt angenehme Erinnerungen, der Träger fühlt sich wohl und tritt darum selbstbewußter auf.

Andere Beispiele für positive Anker sind Lieblingsfotos (visuelle Anker) oder die Stimme eines geliebten Menschen (auditiver Anker). Anker können in allen Sinnesmodalitäten gesetzt werden, über den Gesichtsausdruck, die Gestik, Mimik, Stimmlage, das Sprechtempo, Berührungen oder Geschmacksempfindungen. Auch innere Bilder, Gefühle, Klänge, Geräusche und Gerüche können Anker darstellen. Mit Hilfe des NLP lassen sich bewußt all die positiven Sympathieanker beim Partner herausfinden, die wir für ein gutes Miteinander brauchen. Meist ist ein exotischer und seltener externer Reiz ein stärkerer Anker als Reize, die täglich mehrmals auftreten (siehe Seite 48ff.).

> Anker verbinden äußere Reize mit inneren Zuständen. Immer dann, wenn wir eine Situation intensiv erleben, in der ein bestimmtes Signal besonders deutlich ist, wird diese Situation mit der dann dominanten Emotion gekoppelt. Dieses Gefühl wird beim gleichen oder bei einem ähnlichen Ereignis immer wieder wachgerufen.

Die Kunst erfolgreicher Kommunikation

Zu einer erfolgreichen Kommunikation gehören immer das Erkennen des Sujets sowie die notwendige Sensibilität, auf den anderen einzugehen, dazu.

Zur Kommunikation sind grundsätzlich ein Sender, ein Kanal und ein Empfänger, der die Informationen verwertet, notwendig. Durch die Interpretation des Empfängers werden die Informationen entweder wertlos oder sinnvoll für ihn – ein Ereignis kann dadurch als langweilig, aber auch als besonders interessant eingestuft werden.

Jede erfolgreiche Kommunikation mit einem anderen Menschen setzt voraus, daß man erst einmal mit sich selbst – gedanklich und gefühlsmäßig – im reinen ist und über seine Wünsche und Ziele Klarheit hat.

Mit sich selbst richtig kommunizieren

Das Bewußtsein ist die Quelle der Gedanken, das Unterbewußtsein die Quelle der Kraft. Wir befinden uns in jedem Moment unseres Wachzustands mit unseren Gedanken in Kommunikation. Was uns mental am meisten beschäftigt, bestimmt die Richtung, in die wir uns bewegen – im positiven wie im negativen Sinn. Wenn Sie jahrelang unterschwellig denken, niemals arm sein zu wollen, und sich davor fürchten, einmal vor dem Nichts zu stehen, steuern Sie auf einen Lebensstandard zu, der Sie gerade überleben läßt. Mit einer solchen Denkweise blockieren Sie Ihre Energien für größere Erfolge selbst. Hinter der Vorstellung, niemals arm sein zu wollen, verbirgt sich die Angst vor Armut; Angst ist frustrierend und hemmt den Lebensfluß und die Lebensenergie. Anhaltende Ängste verursachen großen Streß, der Ihr Nervensystem negativ beeinflußt und Sie auf Dauer krank macht. Sollten Sie also mit sich selbst beispielsweise über reich und arm kommunizieren, so stellen Sie sich möglichst Positives vor, z.B. wie es aussieht und sich anfühlt, wenn Sie wunschgemäß leben. Stellen Sie sich bildlich sehr detailgenau die Umgebung, Ihr Wunschhaus (mit Garten, am Meer oder in den Bergen) und die Menschen vor, mit denen Sie zusammenleben wollen.

Stellen Sie sich Ihre Wunschsituation vor

In Streßsituationen sollten Sie mit sich selbst ganz bewußt positiv kommunizieren, denn nur so besiegen Sie Streß und Ängste und erreichen Gelassenheit. Streßgeladene, nervöse Aktionen werden eine Situation niemals verbessern. Wenn Sie mit Mutlosigkeit auf Probleme reagieren, so betreiben Sie eine negative Eigenkommunikation, die Sie in einen ressourcenarmen Zustand versetzt, aus dem Sie sich so schnell wie möglich befreien sollten. Gerade in schwierigen Situationen ist eine positive Kommunikation mit sich selbst sehr wichtig, denn wie wir mit uns selbst gedanklich umgehen, so fühlen wir uns. Wenn wir gute Gedanken haben, fühlen wir uns auch gut – und umgekehrt.

Sollten trotzdem negative Gedanken und Gefühle auftreten, versuchen Sie, diese möglichst umgehend in eine positive Schwingung zu bringen. Stellen Sie sich eine Wunschsituation vor, lassen Sie die unerwünschte Situation immer kleiner werden, nehmen Sie ihr das Licht und die Farbe. Dann gehen Sie mit der positiven Vorstellung genau umgekehrt vor: Lassen Sie dieses Bild vor Ihrem geistigen Auge groß, hell, strahlend und farbig werden. Holen Sie das Bild nah zu sich heran, während Sie das negative verkleinern und immer weiter von sich wegrücken. Diese Übung ist ein Grundbaustein, wenn Sie Ihre Kommunikation mit sich selbst und anderen positiver gestalten wollen (siehe auch »Übung: Positives verstärken, Negatives abschwächen«, Seite 19).

Ereignisse und Dinge haben für sich genommen keine Bedeutung. Die bekommen sie erst durch unsere Bewertung. Dabei verursachen negative Gefühle einer Situation gegenüber Anspannung und Streß, positive Gefühle dagegen Entspannung und Ruhe. Versuchen Sie, Ereignisse aus verschiedenen Perspektiven zu betrachten. Sie werden sehen, daß Ihre Emotionen dann ganz unterschiedlich sein können.

Loben Sie sich selbst

Lernen Sie sich selbst und Ihre Wünsche besser kennen, indem Sie auf Körpersignale achten, Ihre Sinne bewußt einsetzen, die Beziehungen zu Ihrer Umwelt aufmerksam beobachten und Ihre individuellen Fähigkeiten erforschen.

Seien Sie ganz bewußt nett zu sich und zu anderen; denken und reden Sie nur gut über sich und andere. Loben Sie sich, wenn Sie etwas gut gemacht haben, nehmen Sie Lob, Zuneigung und Komplimente von anderen dankend an. Sagen Sie Ihren Mitmenschen, daß Sie sie schätzen oder daß sie gut aussehen. Diese Art der Eigenkommunikation gibt Ihnen ein gutes Selbstwertgefühl. Darüber hinaus sollten Sie Ihrem Körper auch gebührende Beachtung schenken: Ernähren Sie ihn ausgewogen, treiben Sie regelmäßig Sport. Genießen Sie mit gutem Gewissen die schönen Dinge des Lebens, die Sie sich verdient haben.

Stecken Sie sich wünschenswerte Ziele

Viele Menschen wissen nicht, was sie im Leben eigentlich wollen. Ihnen fehlt die Orientierung, weil sie kein Ziel haben, das sie anstreben. Der erste Schritt ist also, sich ein wünschenswertes Ziel zu suchen. Um ein Ziel zu erreichen, muß man es erst einmal kennen. Man muß es definieren, ihm einen Namen und eine Form geben. So läßt sich gedanklich besser damit umgehen. Wenn Sie nur in etwa die Richtung des Ziels kennen und keine klare Vorstellung davon haben, werden Sie es auch nicht erreichen, denn Sie wissen nicht, was Sie erreichen wollen.

Auf dem Weg zu Ihrem Ziel ist es wichtig, unentwegt Ihre Sinne zu schärfen und mit Bewußtheit einzusetzen, damit Sie auch alle Vorgänge, die Ihnen vielleicht vorher nicht aufgefallen sind, wahrnehmen. Beobachten Sie Ihre inneren Bilder, Stimmen, Geräusche und Gefühle mit größter Aufmerksamkeit, denn Sie können von ihnen Signale erhalten, wie Sie vorgehen sollen. Wenn etwas nicht so funktioniert, wie Sie es

Jeder Mensch, ob groß oder klein, entwickelt sich nur dann weiter, wenn er sich Ziele setzt. Je älter Sie werden, desto mehr Wege können sich eröffnen, Ihr Ziel zu erreichen. Das ist dann eine positive Vielfalt.

sich wünschen, ändern Sie einfach Ihre Vorgehensweise. Seien Sie kreativ und flexibel, nehmen Sie so lange Veränderungen vor, bis Sie bekommen, was Sie wollen. Je mehr Wahlmöglichkeiten Sie auf dem Weg zu Ihrem Ziel haben, desto größer ist Ihre Erfolgschance.

Richtige Glaubenssätze auf dem Weg zu einem Ziel

Ein Ziel können Sie erst dann erreichen, wenn Sie daran und an sich selbst glauben. Auch müssen Sie davon überzeugt sein, daß Sie dieses Ziel verdienen. In Ihnen muß die Bereitschaft vorhanden sein, für Ihr Ziel den notwendigen Einsatz mit größtmöglicher Hingabe zu erbringen. Plagen Sie Selbstzweifel, daß Sie ein Ziel vielleicht nicht erreichen, so fragen Sie sich selbst, ob Sie es wirklich interessant und lohnend finden. Erfährt Ihr angestrebtes Ziel auch durch Ihre innere Einstellung und Ihre Glaubenssätze Unterstützung? Sind sie auf das gesteckte Ziel hin ausgerichtet?

Glaubenssätze, Beliefs, sind Überzeugungen, nach denen wir Menschen leben. Sie werden durch die Gesellschaft geprägt (z. B. Rollenbilder) und/oder in der Kindheit anerzogen (z. B. Moralvorstellungen). Sie können helfen, das Leben zu meistern, aber auch einengen und blockieren. Hinderliche Glaubenssätze können mit einiger Übung umprogrammiert werden.

Hilfreich für die Eigen-
kommunikation im Hinblick
auf ein Ziel können auch
folgende Fragen sein:
- Wer (außer mir) handelt?
- Was genau tue ich?
- Wie tue ich das?
- Warum/wofür tue ich das?

Regeln für die Zielsetzung

1. Formulieren Sie Ihr Ziel
Sagen Sie, was Sie erreichen wollen, in positiver Form.
Wenn Sie negative Formulierungen anwenden, z.B. was Sie
in Zukunft vermeiden oder nicht mehr erleben wollen,
erzeugen Sie bei Ihrem inneren Gespräch eine negative
Stimmung.

2. Drücken Sie sich präzise aus
Wie sieht Ihr Ziel aus, wie fühlt es sich an, wie klingt es?
Die sinnesspezifische Beschreibung sollten Sie so genau
wie möglich erarbeiten, denn dadurch kann Ihr Gehirn
Ihren Wunsch besser verfolgen. Ihre Vorstellungen sollten
sehr detailliert sein. Es ist also nicht genug zu sagen: »Ich
will mehr Geld, mehr Liebe und Zeit, um das Leben zu
genießen.« Richtig ist, sich eine Strategie auszudenken,
wie Sie zu mehr Geld, Liebe oder Zeit kommen können.
Wenn Sie davon eine klare innere Vorstellung haben, passieren unglaubliche Dinge. Geist und Körper werden regelrecht auf das Erreichen Ihres Ziels programmiert. Ist Ihre
Vorstellung über das gewünschte Ziel klar, wird dieses
auch in Wirklichkeit leichter erreicht werden. Bevor
jedoch in der äußeren Welt etwas geschieht, muß die
innere Welt aktiviert werden.

3. Legen Sie fest, wann Sie Ihr Ziel erreicht haben wollen
Das muß nicht auf die Minute exakt passieren – gerade
wenn Sie ein längerfristiges Ziel vor Augen haben. Legen
Sie jedoch keinen Zeitpunkt fest, so ist es schwierig, sich
zu motivieren und die Strategie zielstrebig zu verfolgen.

Gehen Sie dann in sich, und überlegen Sie:
1. Wer oder was veranlaßt mich, das zu tun, was ich tue?
2. Welche Vorteile bringt es mir?
3. Welche Bedeutung hat es in meinem Leben?
4. Was ist meine Motivation, die Energie, die mich antreibt?

Je präziser und positiver Sie das definieren können, was Sie wollen, je mehr Sie Ihr Gehirn darauf programmieren können, Wahlmöglichkeiten auf Ihrem Weg zum Ziel zu finden und wahrzunehmen, desto wahrscheinlicher bekommen Sie, was Sie wollen.

Beachten Sie bei Ihren Zielsetzungen vor allem, ob die Ziele sozusagen für Sie maßgeschneidert sind, ob Sie in Ihr Leben passen und Positives bringen. In der NLP-Sprache nennt man das den Ökologiecheck.

Stecken Sie sich hohe Ziele, denn Einschränkungen in den Zielen führen zu Einschränkungen in Ihrem Leben. Selbstverständlich sollten Sie Ihren gesunden Menschenverstand einsetzen und die Machbarkeit der Ziele abwägen.

Wenn man 1,60 Meter groß und vom Körperbau eher rundlich ist, ist es ziemlich vergeblich, sich vorzunehmen, groß und schlank auszusehen. Vergeuden Sie keine Zeit und Energie mit unabänderlichen Dingen!

Bauen Sie eine Strategie auf

Wir können eine Aufgabe nur dann erfüllen, wenn wir unsere Gedanken und unser Verhalten richtig organisieren. Wir können ein Ziel nur dann erreichen, wenn wir eine Strategie entwickeln, die die genaue Vorgehensweise auf dem Weg zum Ziel festlegt. Eine Strategie besteht aus aufeinander aufbauenden Arbeitsschritten, die in einer bestimmten Reihenfolge ablaufen.

Nehmen Sie z. B. einen Studenten, der sich zum Ziel gesetzt hat, einmal eine Professur an der Universität zu haben. Er wird das mit einer zielgerichteten Strategie sehr viel schneller erreichen, als wenn er mehr oder weniger planlos viele Jahre studiert und arbeitet. Als zielstrebiger Mensch wird er sich die Schritte genau einteilen. Er wird sich vornehmen, zunächst seine ganze Energie und sein gesamtes Interesse sei-

Eine Strategie bestimmt den Weg, der zu einem Ziel führt. NLP hilft, die einzelnen Schritte auf diesem Weg zu erkennen und zu verstehen, erfolgreiche Schritte zu speichern und damit wiederholbar zu machen.

nem Studium zu widmen. Danach wird er sich eine Assistenz oder einen zeitlich begrenzten Lehrauftrag vornehmen oder sein Augenmerk auf einen Auslandsaufenthalt an einer anderen Universität legen.

Struktur einer Strategie

Wir können nicht erfolgreich sein, wenn wir bei der Verfolgung eines Ziels zwar eine Strategie haben, jedoch die Reihenfolge der einzelnen Schritte nicht einhalten oder die richtigen »Zutaten« nicht bereitstellen. Um eine Strategie zu erstellen, brauchen Sie:

1. Ein genau definiertes Ziel
2. Repräsentationssysteme, die ressourcenreich, also positiv sind
3. Zeit, Energie, Durchhaltevermögen
4. Flexibilität: Wird ein Schritt als falsch erkannt, muß man bereit sein, einen neuen zu unternehmen

Glaubenssätze und Strategien liegen nahe beieinander. Der Unterschied ist jedoch, daß Strategien einen organisierten Weg, eine Sequenz von einzelnen Schritten, aufzeigen, während Glaubenssätze uns in erster Linie innere Bilder, Geräusche und Gefühle, sogenannte internale Repräsentationen, vorführen. Sollten Sie beispielsweise aufgrund eines negativen Gefühls, eines schlechten Gewissens o. ä., häufig schlecht einschlafen, so können Sie diesen Zustand durch eine Strategie ändern. Vielleicht befürchten Sie bereits beim Zubettgehen, wieder nicht einschlafen zu können, und achten deshalb hellwach auf jede nervöse Regung in Ihrem Körper.

Um diesen Zustand zu ändern, kommunizieren Sie in einer Weise mit sich, die Sie schläfrig macht. Denken Sie an Entspannung, stellen Sie sich z. B. ein warmes Bad oder eine

Strategien sollten zwischendurch überprüft werden:
• Von welchen Punkt bin ich ausgegangen?
• Wo stehe ich jetzt?
• Bin ich meinem Ziel tatsächlich näher gekommen?
• Waren meine Schritte also erfolgreich?
• Oder muß ich meine Schrittrichtung ändern?

wohltuende Massage vor, spüren Sie in Ihrem Körper, wie Sie die alltäglichen Dinge loslassen und ruhig werden. Genießen Sie Ihr weiches, gemütliches Bett, sagen Sie sich mit langsamer, ruhiger Stimme, daß Sie sich wohl fühlen und froh sind, ausruhen zu dürfen. Rufen Sie sich ein positives Erlebnis des vergangenen Tages ins Gedächtnis, auch wenn es nur ein kleines Lächeln ist. Lassen Sie dieses Bild langsam schwächer werden.

Genießen Sie dieses friedvolle Bild einen Augenblick, und lassen Sie es dann langsam vor Ihrem inneren Auge verblassen und wegtreten. Dies wird eine angenehme Stimmung in Ihnen erzeugen, die Sie mit in den Schlaf hineinnehmen. Zum Einschlafen sollten die Bilder nicht – wie oben beschrieben – größer, sondern kleiner und weniger aufregend sein.

Strategien sind sehr individuell

Beim Erstellen von Strategien kommt es auf die individuellen Repräsentationssysteme jedes einzelnen Menschen an:

● Ein visuell veranlagter Mensch wird in seinen Strategieplan viele Bilder einbauen, die er sich in seiner Vorstellung erarbeitet. Auf dem Weg zum Ziel wird er ständig Bilder vor seinem inneren Auge ablaufen lassen, die ihn in einen positiven Gefühlszustand bringen. Er wird in erster Linie versuchen, zu jedem Schritt seiner strategischen Zielverfolgung ein inneres Bild zu bekommen – und auch auf reale, äußere Erscheinungen und Bilder am stärksten reagieren.

● Ein auditiv betonter Mensch wird vor allem auf seine eigene innere Stimme oder auf Gespräche mit Menschen hören, die er in seine Strategie mit einbezieht. Natürlich wird er sich die Szenerie auch bildhaft vorstellen, aber die Wirkung von Geräuschen, Stimmen und Klängen wird bei ihm einen stärkeren Eindruck hinterlassen. Er wird in erster Linie über verbale Kommunikation vorgehen.

Hinterfragen Sie alte Strategien, um neue zu finden:
● Was war mein letztes größeres Ziel?
● Wie genau habe ich es erreicht?
● Fiel mir der Weg dorthin leicht?
● Was wünsche ich mir jetzt?
● Was genau ist dafür zu tun?
● Welche schon gesammelten Erfahrungen können mir dabei helfen?
● Was sollte sich keinesfalls wiederholen?

● Ein kinästhetisch betonter Gefühlsmensch wird bei seiner strategischen Vorgehensweise eher auf ein angenehmes Klima, körperliche Betätigung oder eine fließende Bewegung achten. Er wird z.B. die Gesprächsatmosphäre so gestalten, daß sich die Partner wohl fühlen.

Mit anderen richtig kommunizieren

Verläuft ein Gespräch erfolgreich, gelingt Ihnen eine Verhandlung oder überzeugen Sie eine andere Person von Ihrem Vorhaben, so verspüren Sie ein Gefühl von Zufriedenheit. Der Grund: Sie selbst und Ihr Gesprächspartner konnten einen Nutzen aus der Kommunikation ziehen. Bei jeder guten Kommunikation herrscht eine Vertrauensbeziehung bzw. Sympathie zwischen den Partnern, meistens auf unbewußter Ebene. Die Gesprächsatmosphäre ist entspannt, und

Für eine gelungene Kommunikation ist neben oben genannten Kriterien ein weiterer Faktor von großer Bedeutung: Man muß auch beim Arbeitsessen zuhören können.

die Partner reden und agieren in harmonischem Gleichklang, sowohl verbal als auch körpersprachlich. Je mehr zwei Menschen auf einer »Welle« liegen, um so mehr ähneln und synchronisieren sich ihre Haltung, ihr Atemrhythmus, ihre Gesten usw. Und jemand, der uns ähnlich ist, den mögen wir.

Die drei wichtigsten NLP-Techniken

Das NLP bietet drei elementare Techniken an, mit deren Hilfe Sie bewußt eine gute Atmosphäre und Kommunikation mit einem Gesprächspartner aufbauen können:
- Rapport
- Pacing und Leading
- Ankern

Rapport herstellen

Findet Rapport zwischen Menschen auf ganz natürliche Weise statt, so spricht der Volksmund davon, daß die »Chemie stimmt« oder sie auf der »gleichen Welle senden«. Rapport baut Brücken zum anderen und stellt Harmonie und Kontakt her zu seinem Weltbild. Es bedarf dann keiner besonderen Anstrengung, den (Gesprächs-)Partner für sich zu gewinnen oder ihn zu beeindrucken. Der verbale Austausch verläuft gelassen und bereitet den daran Beteiligten eine Art von Genuß. Diese Harmonie wiederum strahlt nach außen und wird von unbeteiligten Personen als positive Energie oder Ausstrahlung wahrgenommen.
Wenn Sie Paare genau beobachten, können Sie bestimmt sagen, ob sie in Rapport miteinander sind. Ihre Kommunikation scheint zu fließen, ihre Körper sind aufeinander eingestimmt, Gestik, Mimik und Körperhaltung sind harmonisch.

Mit Rapport bezeichnet man den unmittelbaren Kontakt zwischen zwei Menschen. Er entsteht, wenn sie Gemeinsamkeiten – Charaktereigenschaften, Interessen etc. – haben; sie fühlen sich dann zueinander hingezogen. Rapport erzeugt Verständnis und Vertrauen. Man kann ihn fördern, indem man ganz bewußt nach Ähnlichkeiten sucht und diese besonders betont.

33

In allen Berufen, in denen man mit Menschen zu tun hat, z. B. in Therapie, Beratung, Erziehung und Verkauf, ist das Herstellen von Rapport unerläßlich, um erfolgreich zu sein. Beim Rapport im NLP geht es darum, bewußt und zielgerichtet einen guten Kontakt und eine angenehme Gesprächsatmosphäre zwischen den Partnern im gedanklichen und emotionalen Bereich herzustellen.

Ein Schlüsselaspekt von Rapport ist die bewußte Wahrnehmung der Welt des anderen: Sprache, Körperhaltung und Augenbewegungen verraten dem NLP-Geschulten, welchen Wahrnehmungstyp er vor sich hat und wie man sich auf ihn einschwingt: den visuellen, der sich häufig mit den Händen durchs Haar fährt und den Partner mit den Worten »Schön, dich/Sie zu sehen« begrüßt, den auditiven, der »von einem neuen Film gehört« hat, oder aber den gefühlsbetonten, kinästhetischen Typ, der unruhig mit dem Fuß wippt und dem die berufliche Veränderung »Bauchschmerzen bereitet«.

»Aber« im Gespräch vermeiden

Rapport erreichen Sie auf natürliche Weise, wenn Sie das, was andere Leute sagen, auch würdigen. Lassen Sie es zuerst einmal auf sich wirken, und überdenken Sie es, bevor Sie es ablehnen oder das Wörtchen »aber« einschieben. Wer stets auf seiner Meinung beharrt, wird wenig Zustimmung von einem anderen Menschen erhalten. Das heißt nicht, daß wir keine eigene Meinung haben dürfen oder mit der des anderen übereinstimmen müssen, wenn sie uns nicht gefällt. Es ist vielmehr die Art und Weise, wie wir mit dem anderen kommunizieren. »Aber« beispielsweise bringt fast immer eine negative Wende in ein Gespräch. Man kann es sehr gut mit kleinen, eher neutralen Wörtern ersetzen, wie z. B. »und«, »oder«, »die andere Möglichkeit wäre« etc. Wenn Sie sagen: »Ja, ich stimme zwar mit Ihnen überein, aber . . .«, so geben Sie Ihrem Gegenüber

Mit zwei leichten Übungen können Sie das Herstellen von Rapport trainieren:
1. Verbinden Sie Ihrem Partner die Augen. Führen Sie ihn für zehn Minuten herum, an möglichst vielen Hindernissen vorbei. Dann tauschen Sie die Rollen.
2. Stellen Sie sich eine Situation intensiv vor. Ihr Partner sollte an Ihrem Gesichtsausdruck und an Ihrer Körperhaltung ablesen können, an was Sie denken. Tauschen Sie dann wieder die Rollen.

ein ungutes Gefühl. Sie könnten statt dessen sagen: »Ich stimme mit Ihnen überein, und dies und jenes ist auch wahr.« Oder: »Das ist eine interessante Idee, und es gibt sicher noch andere Möglichkeiten, die zu überlegen wären.« So beginnen Sie den Satz mit einer Zustimmung und geben Ihrem Gesprächspartner die Möglichkeit, dem Gespräch eine neue Richtung zu geben, ohne daß er von Ihnen Widerstand zu spüren bekommt. Die Redewendungen »Das sehe ich ein und ...«, »Das respektiere ich und ...«, »Das finde ich auch und ...« sind dazu geeignet, Rapport, also Gleichklang, herzustellen, die Welt des anderen zu betreten und seinen Standpunkt anzuerkennen, anstatt ihn abzuwerten oder zu ignorieren.

Voraussetzung für ein gutes Gespräch ist die beiderseitige bzw. – in einem größeren Kreis – die allseitige positive Absicht, sich in Übereinstimmung auf ein gemeinsames Ziel zuzubewegen. Das Herstellen von Rapport erfordert Flexibilität im eigenen Denken und Verhalten sowie Einfühlungsvermögen dem Partner gegenüber, um sensibel genug auf ihn reagieren zu können und bei ihm die erwünschten Reaktionen hervorzurufen.

Mirroring – den anderen spiegeln

Der Inhalt unserer Worte kann Rapport herstellen oder zerstören, jedoch sind Körpersprache und Tonart weitaus wichtiger. Aus wissenschaftlichen Untersuchungen über die unterschiedliche Wirkung von Inhalt, Stimme und Körpersprache weiß man, daß sich Sympathie sehr stark über Körpersprache, also nonverbale Kommunikation, und über den stimmlichen Ausdruck oder den Tonfall – »der Ton macht die Musik« –, aber relativ wenig über den sprachlichen Inhalt vermittelt. Nonverbale Zeichen sind etwa viermal so effektiv

Körpersprache ist immer deutlicher als die der Worte. Sie ist der sichtbare Ausdruck innerer Zustände. Unser Körper reagiert spontan und kann sich nicht so verstellen, wie das die gesprochene Sprache oft tut. Er ist also ein primäres Kommunikationsmittel – das Wort ein sekundäres.

Bei Politikern gehört das Eingehen auf andere Menschen zum beruflichen Handwerk: Inwieweit es nur Kalkül ist oder tatsächlich von Herzen kommt, ist eine andere Frage.

Mirroring stellt nur dann einen Rapport her, wenn man bereit ist, sich auf den inneren Zustand des Gegenübers einzustellen. Spiegelt man dagegen nur äußere Abläufe, fühlt sich der andere nicht verstanden, nur kopiert und vielleicht sogar lächerlich gemacht.

wie verbale. Viermal häufiger als rational entscheidet sich ein Mensch intuitiv, gefühlsmäßig, also aus dem Bauch heraus. Unsere Körpersprache ist also unser ausdrucksstärkstes Kommunikationsmittel.

Wenn Menschen in gutem Einverständnis miteinander sind, haben sie die Tendenz, Gestik und Körperhaltung, oft auch Klang und Lautstärke ihrer Stimme dem anderen anzugleichen, zu synchronisieren oder zu spiegeln. Dies wird im NLP Mirroring oder Matching genannt. Erfolgreiche Menschen wenden oft ganz instinktiv Mirroring und Matching an, um eine Basis von Vertrauen, Sympathie und Zustimmung zu schaffen.

Sich selbst treu bleiben durch Cross-Matching

Es lohnt sich, die Rapportfähigkeiten mit Hilfe von NLP zu verfeinern und täglich zu nutzen. Dies kann durchaus in einer Weise geschehen, die die eigene Integrität nicht in Frage stellt, gleichzeitig aber die andere Person respektiert. Es kommt bestimmt vor, daß Sie bestimmte Verhaltensweisen nicht direkt widerspiegeln möchten. Wollen oder müssen Sie beispielsweise bei jemandem, den Sie nicht mögen, trotzdem eine Kommunikationsbasis schaffen, so zeigen Sie ähnliches statt gleiches Verhalten: Spiegeln Sie seine Bewegungen und Eigenarten mit etwas anderen Gesten, sein schnelles Atmen z.B. mit kleinen, schnellen Handbewegungen. Man nennt diese Vorgehensweise Cross-Matching. Sie können damit ebenfalls Rapport herstellen.

Sich abgrenzen durch Mismatching

Das Gegenteil von Rapport, das Mismatching, können Sie als elegante Form zum Beenden einer Konversation anwenden. Hier ist folgendes zu tun: Sie passen sich Ihrem Gegenüber nicht an, sondern wenden sich mit einer Körperbewegung von ihm ab, indem Sie z.B. die »kalte Schulter« zeigen. Auch eine Ihnen zu lang erscheinende Telefonkonversation können Sie unmerklich und für den anderen nicht verletzend beenden, indem Sie Ihre Art zu sprechen verändern, beispielsweise durch schnelleres Reden.

Pacing und Leading

Eine zweite NLP-Technik, mit der Sie Rapport erreichen, ist das sogenannte Pacing. Pacing bedeutet eigentlich »nebeneinander hergehen«. Im NLP heißt das, sich auf den anderen einzustellen, ihn diskret zu imitieren, und zwar entweder im Sprachstil und/oder in körpersprachlichen Äußerungen. Versuchen Sie nachzuempfinden, was er hört, sieht und fühlt. Folgen Sie seinem Atemrhythmus, sprechen Sie langsam und mit weicher Stimme. Nach einer Weile des Eingehens auf den anderen kann einer von beiden seinen Rhythmus

Beim Pacing/Leading ist es wichtig, den Partner genau zu beobachten, damit man Signale wie Mimik, Gestik, Körperhaltung, Tonfall etc. den zugehörigen inneren Zuständen zuordnen kann. Ein Lächeln z. B. kann Freundlichkeit, aber auch große Verunsicherung bedeuten.

respektvoll und unmerklich wechseln und die Führung übernehmen. Das Leading ist dann geglückt, wenn der andere mit dem neuen Rhythmus mitschwingt. Gutes Pacing und Leading sind wie Tanzen. Man steht spiegelbildlich da, fängt an, sich zu bewegen, und keiner weiß hinterher genau, wann er begleitet und wann er geführt hat.

Ankern

Mit Ankern ist das Verankern eines Gefühlszustands gemeint, den wir bei einem Menschen oder bei uns selbst mittels eines äußeren Reizes auslösen. Das Ankern von Ressourcen ist eine NLP-Technik, mit der positive emotionale Zustände hervorgerufen und in gewünschten Situationen genützt werden können (siehe Seite 51ff.).

Innere Konflikte mit NLP lösen

Wenn Anschauungen, Meinungen oder Taten anderer Menschen mit unserer eigenen Weltsicht nicht konform gehen, können leicht schwerwiegende innere Konflikte entstehen. Wir fühlen uns dann wie in einer »Zwickmühle«, da wir nicht wissen, wie oder wofür wir uns entscheiden sollen. Meist besteht ein Konflikt aus zwei (oder mehr) Teilen, die sich nicht miteinander vereinbaren lassen. Wenn Sie beispielsweise eine finanzielle Flaute erleben und zwischen Ihrem Jahresurlaub und einem neuen Teppichboden zu wählen haben, da Sie sich beides gleichzeitig nicht leisten können, so kann Sie dieses Dilemma in einen inneren Konflikt bringen. Einen solchen Konflikt können Sie mit NLP lösen, indem Sie sich von beiden gegensätzlichen Teilen eine klare visuelle, auditive und kinästhetische Vorstellung schaffen. Personifizieren Sie die Anteile, kommunizieren Sie in Gedanken mit ihnen.

Bei inneren Konflikten wird oft übersehen, daß die Entscheidung für eine bestimmte Verhaltensweise meist kein Zwang, sondern das Ergebnis einer Wahl zwischen verschiedenen Möglichkeiten ist. Machen Sie sich bewußt, daß Sie eigentlich immer einen Handlungsfreiraum haben. Wägen Sie ab zwischen Ihren Bedürfnissen und den Verhaltensmöglichkeiten. Entscheiden Sie sich dann für die beste Variante.

Polen Sie die beiden Komponenten auf Persönlichkeitsanteile von Ihnen um, und lassen Sie sie folgendes sagen:

- »Der eine Anteil in mir will unbedingt in Urlaub fahren.«
- »Der andere Anteil in mir will lieber einen neuen Teppichboden haben.«

Gehen Sie mit den Anteilen gedanklich so um, als wenn sie eigenständige Personen wären, mit denen Sie reden können. Jeder der beiden Teile bringt Ihnen einen Vorteil. Sie können jedem direkte Fragen stellen, z. B.:

- »Welchen Vorteil bringst du, Urlaub, außer Entspannung, Erholung und Spaß?«
- »Welchen Vorteil bringst du, neuer Teppichboden?«

Spüren Sie in sich hinein, wie sich beide Aspekte für Sie anfühlen.

Gegensätze deutlich machen

Von Ihrem Anteil »Urlaub« könnten Sie daraufhin folgende Botschaft bekommen:

- »Das alles ist zwar sehr schön, kostet dich aber viel Geld, und nach zwei, drei Wochen wird sowieso alles wieder beim alten sein.«

Der andere Anteil, mit dem Sie über den Teppichboden kommunizieren, meldet Ihnen vielleicht dies:

- »Mit mir hast du wieder eine schönere Wohnung für die nächsten zehn Jahre, in der du dich wohl fühlen wirst.«

Beide Anteile haben positive Seiten für Sie. Auf seine spezifische Weise dient jeder Anteil Ihrem Wohlbefinden. Der eine bringt Ihnen einen erholsamen Urlaub, der andere macht Ihre Wohnsituation erfreulicher, was Ihrem Wohlbefinden zugute kommt. Mit der erforderlichen Geduld erhalten Sie im Laufe einer Unterhaltung mit den beiden Persönlichkeitsanteilen auch Signale von ihnen. Und nach und nach kristallisiert sich eine Entscheidung heraus.

Sie können die Wirksamkeit Ihres Dialogs mit den konträren Anteilen erhöhen, indem Sie sich vor einen Spiegel stellen. So erkennen Sie anhand Ihrer körpersprachlichen Signale, bei welchen Argumenten Sie sich wohler fühlen und welche Ihnen mehr Unbehagen bereiten.

Nehmen Sie sich Zeit, um eine Entscheidung zu treffen. Nur mit der notwendigen Ruhe und Konzentration können Sie alle Aspekte des Argumentationsbündels bedenken und prüfen.

Um die Repräsentationen und Submodalitäten der scheinbar widersprüchlichen Anteile besser erfassen zu können, fragen Sie: Wie sieht der jeweilige Anteil aus? Welche Form und Farbe hat er? Wie hört er sich an? Schrill? Wohlklingend? Wie fühlt er sich an? Wo genau im Körper sitzt dieses Gefühl? Wie riecht oder schmeckt er? Süß? Bitter?

Wie in diesem praktischen Beispiel dargestellt, können auch andere Konflikte bearbeitet und gelöst werden. Es kommt vor allem darauf an, die konträren Positionen genauestens zu definieren und, wie oben geschildert, eine sinnliche Repräsentation zu erschaffen, mit der Sie umgehen und verhandeln können. Versuchen Sie bei Ihrem Dialog mit den Teilen auch herauszufinden, welche Möglichkeiten jeder Teil hat, auf den anderen einzugehen. Vielleicht braucht der eine mehr Zeit, während der andere mehr Toleranz oder Aufmerksamkeit benötigt. Führen Sie die Kommunikation so behutsam, daß Sie erfahren, was jeder Teil will und ob Bereitschaft zu einer gemeinsamen Problemlösung vorhanden ist.

Visual Squash

Wenn Sie ein Signal erhalten, daß ein »Zusammenarbeiten« möglich ist, dann können Sie dies auf folgende Weise tun: Finden Sie die Submodalitäten der konträren Anteile heraus. Entwickeln Sie ein Zielbild aus dem, was Sie sich wünschen, und definieren Sie auch dessen Submodalitäten. Dann überführen Sie diese Schritt für Schritt in die Problemsituation. Zum Abschluß sollten Sie das Zielbild sehr rasch über das Problembild ziehen. Nun haben Sie die Konfliktteile visuell vereinigt; die Blockade der Problemlösung sollte nun beseitigt sein.

Blockaden bereinigen

Beispiel: Wenn Sie sich beim Entspannen schuldig fühlen, weil Ihnen in den Sinn kommt, welche Arbeiten Sie eigentlich erledigen müßten, dann ist es Zeit für eine Pause, in der Sie eine Kommunikation zwischen den beiden Teilen entstehen lassen. Beide Teile haben ihre Berechtigung. In diesem Fall ist es vielleicht möglich, Entspannung und Arbeit so zu verteilen, daß Sie beides schließlich genießen können: Bedenken Sie, daß getane Arbeit auch Erfolgsgefühl und Zufriedenheit vermittelt.

Klarheit gewinnen

Kommen bei schwerwiegenden Problemen während der Verhandlungen mehrere Teile an die Oberfläche, die zunächst gar nicht sichtbar waren, so müssen diese alle mit einbezogen und wie einzelne Persönlichkeitsteile behandelt werden. Dies ist vor allem bei Konflikten der Fall, die tiefer liegen und bereits über eine längere Zeitspanne anhalten.

Herrscht am Ende mehr Klarheit über die Probleme, so lassen sie sich müheloser vereinigen und können sich dadurch gegenseitig helfen oder aufheben.

Die Situation fühlt sich dann meist nicht mehr so ausweglos an. Man kann leichter positive Entscheidungen treffen, die schließlich zu einer für alle Seiten befriedigenden Lösung des Konflikts führen.

Je nach Art des inneren Konflikts müssen Sie entscheiden, ob es besser ist, die beiden widerstreitenden Anteile miteinander zu versöhnen und gemeinsam zu einem neuen Ziel werden zu lassen, oder ob es sinnvoller ist, jeden Anteil einzeln auszuwerten und dessen Vorteile separat zu nutzen.

NLP-Übungen in der Praxis

Auch das Modellieren von bunten Bauklötzen will gelernt sein. In der Wirtschaft haben Spitzenverkäufer aufgrund bestimmter, übereinstimmender Verhaltensweisen Erfolg.

Für wünschenswertes Verhalten gibt es Muster, deren Bausteine sich durch eine genaue Analyse sichtbar machen lassen. Hat man sie konkretisiert, lassen sie sich auf andere Situationen übertragen und können auch da zum Erfolg führen.

Für den Erfolg der nachstehend geschilderten Techniken und Übungen mit NLP ist es von größter Wichtigkeit, daß Sie absolute Klarheit über Ihre Änderungswünsche haben, also eine deutliche Vorstellung von dem, was Sie an sich oder in Ihrem Leben ändern wollen. Als zweites ist es wichtig, daß Sie sich wirklich für diese Veränderung entscheiden und ganz und gar dahinterstehen. Dann sollten Sie eine genaue Strategie ausarbeiten (siehe Seite 29ff.) und danach handeln, z. B. anhand von Vorbildern, im NLP Modelle genannt, die Sie nachahmen bzw. modellieren.

Modellieren

Der Begriff des Modellierens stammt von den NLP-Begründern Bandler und Grinder. Die beiden griffen eine Idee auf, die in den USA im Bereich des Verkaufstrainings angewendet wird: das Master Modelling. Beobachtet man in größeren Firmen Spitzenverkäufer bei ihrer Arbeit, so lassen sich bei allen übereinstimmende Verhaltensweisen finden, die für den Verkaufserfolg ausschlaggebend sind. Diese werden in einem Modell verdichtet, dem sogenannten Mastermodel.

Anschließend versucht man, die weniger erfolgreichen Verkäufer durch Training dem Modell so nahe wie möglich zu bringen. Bandler und Grinder übertrugen diese Technik des Modellierens als erste auf den therapeutischen Bereich und erzielten damit beachtliche Erfolge.

Haben Sie ein Vorbild, ein Modell, für Ihr gewünschtes Ziel, so wird Ihnen der Weg dorthin um einiges leichter fallen. Wenn Sie das Erfolgsverhalten des Vorbilds modellieren, erreichen Sie Ihr gestecktes Ziel schneller und sicherer. Sie sparen viel Zeit, da Sie bereits erprobte Schritte verwenden.

Durch Modellieren können Sie mit verringertem Aufwand Höchstleistungen erreichen. Ein vorbildliches Beispiel dafür ist Japan. Manager großer Firmen haben dort Erfindungen, Konstruktionen und Fertigkeiten der westlichen Welt zur Perfektion weiterentwickelt. Bei der wirtschaftlichen Umstrukturierung wurde keine Zeit damit vergeudet, alles von Grund auf neu zu erarbeiten, sondern es wurde das übernommen, was bereits vorhanden war.

Ökologiecheck

Beim Modellieren sollten Sie die Folgen Ihres Handelns für Ihr Umfeld beachten. Das bedeutet, Ihre Vorgehensweise auf dem Weg zum Ziel muß für die individuellen Lebensumstände passend sein. Auch sollten Sie Ihr Ziel nicht um jeden Preis, also auf Kosten anderer Menschen, erreichen wollen.

Das Abwägen, ob eine Strategie in Ihre individuelle Situation paßt, ob das gewünschte Ziel Ihnen und Ihrer Umgebung Vorteile bringt, ob Sie die nötigen Mittel dafür bereitstellen können usw., nennt man im NLP Ökologiecheck.

- Paßt Ihr Ziel in Ihr unmittelbares Lebensumfeld, z. B. zur Familie, zum Beruf, zur Gesellschaft?
- Wer ist davon betroffen, welche Nebenwirkungen können dadurch entstehen?
- Sind ausreichend Ressourcen vorhanden, aus denen Sie schöpfen können, die Sie in einen positiven, ressourcenreichen Zustand versetzen?

Verantwortungsbewußtes Handeln des einzelnen schließt ein soziales Miteinander ein. Der Ökologiecheck hilft, den Mittelweg zu finden zwischen den persönlichen Bedürfnissen des Individuums und den Bedürfnissen seiner Mitmenschen.

43

Ziele sind Vorstellungen davon, was wir in einer bestimmten Zeitspanne erreichen wollen. Sie geben uns Kraft für alle Handlungen – und letztendlich unserem Leben einen Sinn.

Es können dies internale, also innerliche Ressourcen sein, z. B. eine klare Zielvorstellung, die Ihnen genügend Motivation zur Verfolgung Ihres Ziels gibt. Ebenso können externe, äußerliche Ressourcen notwendig sein. Überprüfen Sie, inwieweit diese vorhanden sind, ob sie zuerst geschaffen werden müssen und welche Möglichkeiten Sie dafür haben. Möglicherweise müssen Sie sich kleine Teilziele stecken und erreichen. Dies ist vor allem dann der Fall, wenn Sie sich ein sehr großes Ziel vorgenommen haben. Motivierend wirken kann auch eine zeitliche Frist (Timeline), die man gern einhalten möchte. Setzen Sie diese nicht zu knapp, denn bei großen und langfristigen Zielen können Änderungen oder Maßnahmen erforderlich sein, die eventuell mehr Zeit als geplant in Anspruch nehmen.

Sollte bei Ihren Überlegungen öfter mal ein »Ja, aber« auftauchen, so haben Sie Gefühle von Zweifel und sehen Probleme. Unsere Orientierung sollte jedoch stets auf Ziele und nicht auf Probleme gerichtet sein. Versuchen Sie deshalb, Probleme zu Zielen zu machen, indem Sie Ihren Gefühlszu-

Das Ziel, sich ein eigenes Heim zu schaffen, sollte man in mehreren Schritten und mit realistischen Maßstäben anvisieren.

stand von negativ auf positiv umpolen (siehe Seite 19ff.). Prüfen Sie auch, ob Sie mit Leib und Seele hinter Ihrem Ziel stehen. Wenn Sie eine Sache nur halbherzig verfolgen, wird sie kaum zum erwünschten Ergebnis führen. Sie müssen unbedingt davon überzeugt sein, daß Sie Ihr Ziel erreichen können und es für Sie in jeder Hinsicht lohnend ist.

Setzen Sie einen Zielrahmen

Fragen Sie sich auch, ob Sie auf dem Weg zu Ihrem Ziel in erster Linie Ihre Eigeninitiative einsetzen können und wollen oder ob Sie auf die Hilfe anderer angewiesen sind. Wenn letzteres der Fall ist, überlegen Sie, wie sich das konkret gestalten könnte und ob die anderen auch etwas davon haben, denn sonst haben sie keine Motivation. Ebenso kann Ihnen selbst der notwendige Antrieb fehlen, wenn Sie Ihr Ziel als zu gering empfinden. Es erscheint Ihnen vielleicht als zu banal, um es erreichen zu wollen. Meist entstehen jedoch auch aus kleineren Zwischenzielen oder Etappen Vorteile und Perspektiven, die noch genügend Motivationsschub geben.

Wichtig ist es, daß Sie sich Ihr Ziel immer wieder vor Augen führen und sich darauf freuen, es zu verfolgen und zu erreichen. Wenn Sie morgens aus dem Schlaf langsam zurückkehren in die reale Welt, ist in dieser kurzen Phase Ihre Wahrnehmung besonders sensibel. Deshalb ist diese Zeit sehr gut dazu geeignet, sich Ziele ins Gedächtnis zu rufen, die man erreichen möchte. Sicherlich ist Ihnen schon einmal aufgefallen, daß die erste Melodie, die Sie am Morgen gehört haben, Sie durch den ganzen Tag begleitet und immer wieder in Ihr Gedächtnis zurückkehrt. Diese Erfahrung können Sie nutzen, um schöne und wünschenswerte Dinge im Kopf und im Gefühl zu behalten. Ebenso erreichen Sie eine intensivere Wahrnehmung, wenn Sie am Abend Ihre Wunschgedanken mit in den Schlaf nehmen.

Mit folgenden Fragen bestimmen Sie Ihren Zielrahmen:
- **Was genau ist mein Ziel?**
- **Wann will ich es erreicht haben?**
- **Was ändert sich dann für mich und meine Umgebung?**
- **Was sind die Vorteile des Ziels?**
- **Was muß ich dafür aufgeben?**

Kriterien für den Erfolg

1. Genaue Zielsetzung
Ein Ziel präzise bestimmen, es sich mit allen Sinnen vorstellen und verlockend, motivierend gestalten.

2. Wahrnehmungsfähigkeit entwickeln
Körpersprache, Sprache und Verhalten sowie innere und äußere Vorgänge bewußt wahrnehmen. Einzelne Schritte festlegen und abwägen, ob sie zum Ziel hinführen oder vom Ziel wegführen; Strategie aufbauen.

3. Flexibilität trainieren
Bereitschaft entwickeln, das eigene Verhalten so lange ändern zu wollen, bis man das erwünschte Ziel erreicht hat.

4. Zielgerichtetes Handeln
Nach eingehenden Überlegungen diejenigen Handlungen realisieren, die mit größter Wahrscheinlichkeit zum Ziel führen.

Wenn Sie ein Vorbild gefunden haben, das solche Fähigkeiten besitzt, wie Sie sie sich wünschen, sollten Sie mindestens drei Situationen analysieren, in denen Ihr Modell diese Fähigkeiten demonstriert hat. Dann suchen Sie drei Gegenbeispiele, in denen es ihm unmöglich war, das Angestrebte zu zeigen. So lassen sich die Mechanismen, die zum Erfolg führen, leicht herauskristallisieren.

Übung 1: Ein Vorbild modellieren

Die Vorgehensweise ist einfach, effektiv, zeitsparend und erfolgreich. Bevor Sie sich ein Ziel stecken, kommunizieren Sie mit sich selbst: Fragen Sie sich, warum Sie sich gerade dieses Ziel gesteckt haben und kein anderes. Fragen Sie sich, was es Ihnen und anderen bringt, was Ihnen das Erreichen des Ziels bedeutet und in welcher Zeitspanne Sie es erreichen wollen.

Dann suchen Sie sich eine Person, die Sie gern modellieren möchten. Ein Modell sollte einfach und überprüfbar sein. Es ist nicht notwendig, genau zu wissen, warum es funktioniert; viel wichtiger ist es zu erkennen, wie es funktioniert.

Dies erfahren Sie, indem Sie die äußeren Begleitumstände, die den Weg zum Erfolg begleiten, und deren Wirkung auf andere Menschen genau wahrnehmen. Es mag Ihnen vielleicht so vorkommen, als wenn Sie nach den Sternen greifen und die Leistung oder den Erfolg Ihres Modells nie erreichen könnten. Sollten sich solche Zweifel einstellen – die im übrigen ganz normal sind –, dann versuchen Sie in Ihrer Vorstellung einmal, für eine bestimmte Zeit in diese Person zu schlüpfen, in ihren Denk- und Gefühlsstrukturen zu leben. Verhalten Sie sich so, als wären Sie selbst Ihr Modell. Beobachten Sie, wie Sie sich als Ihr Modell fühlen und was sich dabei alles verändert.

Das Modell genau beobachten

Um diese Übung durchführen zu können, müssen Sie möglichst alles über Ihr Modell in Erfahrung bringen, z.B. wie es lebt, mit wem es Umgang hat, welche Freundschaften es pflegt, wie es verhandelt und strategisch vorgeht. Verfolgen Sie sein Verhalten genau, und prüfen Sie, ob dieses auch zu Ihnen paßt und ob Sie es in gleicher oder in ähnlicher Form übernehmen können. Versuchen Sie, sich ganz und gar in Ihr Vorbild hineinzuversetzen und alles, was seine Persönlichkeit und seinen Erfolg ausmacht, zu adaptieren. Dies wird ein sehr starkes, ressourcenreiches Gefühl in Ihnen auslösen, das Ihnen mehr Klarheit verschafft über Ihre weitere Vorgehensweise. Selbstverständlich sollte die Beobachtung eines Modells ruhig und diskret vor sich gehen und für niemanden irgendwelche Nachteile bringen. Jemanden modellieren heißt nicht, daß das erreichte Ziel dem Modell aufs I-Tüpfelchen gleichen muß, denn wir sind alle mit individuellen Begabungen ausgestattet, so daß allein diese Tatsache den Unterschied ausmacht und das Erreichte zu unserem persönlichen, eigenständigen Ziel werden läßt.

Während des Sammelns von Informationen zu einem Modell ist es wichtig, immer wieder zu überprüfen, ob einen die herausgearbeiteten Schritte auch wirklich dem Ziel näher bringen. Dazu sollte man möglichst häufig den Ist-Zustand mit dem Soll-Zustand vergleichen.

Beobachten Sie über einen längeren Zeitraum hinweg, wie Sie sich in Ihrer neuen Rolle fühlen. Bei näherem Hin(ein)-schauen werden Sie vielleicht feststellen, daß Sie einige Vorgehensschritte Ihres Vorbilds aussparen können. Finden Sie heraus, welchen Schritt Sie problemlos weglassen können, um Zeit und Energie zu sparen, und welcher unverzichtbar ist, damit Sie weiterhin Erfolg haben. Schärfen Sie Ihre Wahrnehmung für das Wesentliche.

Übung 2: Einen Höhepunkt modellieren

Eine andere Art des Modellierens ist es, die eigenen Erfolge aus der Vergangenheit zu modellieren. Rufen Sie sich ins Gedächtnis, welche persönlichen oder beruflichen Höhepunkte in Ihrem Leben einen ressourcenreichen und kreativen Zustand in Ihnen bewirkt haben. Visualisieren Sie diese Highlights.

Versuchen Sie, sich an die Zeit, die Atmosphäre, an Geräusche oder Stimmen, Gerüche, Temperatur, Licht oder Dunkelheit zu erinnern. Mit welchen Menschen haben Sie gesprochen? Wie verlief das Gespräch? Was mußten Sie im Detail tun, um Erfolg zu haben, um sich gut, zufrieden und glücklich zu fühlen?

Um ein Modell aus der eigenen Vergangenheit herauszufiltern, sollten Sie die Wahrnehmungen all Ihrer Sinneskanäle plus die dazugehörigen Submodalitäten so genau wie möglich notieren. So finden Sie Ihr ganz persönliches Erfolgsrezept, das sich auf andere Situationen übertragen läßt.

Ankern

Anker sind äußere oder innere Sinnesreize, die wir sehen, hören, riechen, schmecken oder fühlen. Anker lösen bestimmte Gefühle in uns aus, sowohl positive wie auch negative. Wenn die Unfallsirene auf der Straße ertönt, wissen wir, daß etwas passiert sein muß. Wenn nachmittags um drei Uhr Kirchenglocken läuten, findet wahrscheinlich eine Hochzeitsfeier in der Kirche statt. Unfallsirene und Kirchen-

glocken sind auditive Anker. Dunkle Wolken am Himmel bedeuten Regen, eine grüne Ampel heißt freie Fahrt. Wolken und Ampel sind visuelle Anker. Lavendelduft ist ein Beispiel für einen olfaktorischen Anker. Er erinnert Sie vielleicht an Ihre Kindheit, als Sie diesen bei Ihrer Großmutter immer gerochen haben. Je nachdem, welche und wie Anker gesetzt wurden, schickt uns unser Unterbewußtsein in jeder Lebenssituation positive oder negative Gefühle. Vielleicht haben Sie eine Lieblingsmelodie, die erklungen ist, als Sie sich zum erstenmal verliebt haben. Oder Sie haben eine Vorliebe für die Farbe Rosa, weil Ihre Freundin sie häufig getragen hat. Vielleicht hatten Sie in Ihrer Kindheit einen Freund mit roten Haaren, der Sie enttäuscht hat, weshalb Sie bis heute keine Menschen mit dieser Haarfarbe mögen. Ganz unbewußt wurden hier unterschiedliche Reize mit positiven oder negativen Gefühlen gekoppelt.

So entstehen Anker

1. Zum einen durch Wiederholung. Wenn Sie etwas lernen wollen, von dem zu erlernenden Stoff aber dissoziiert sind, dann werden Sie den Stoff nur durch häufiges Wiederholen behalten können. Dissoziiert zu sein bedeutet, kein großes Interesse an der Materie und damit auch keine Emotion zu haben, die Sie in einen ressourcenreichen Zustand versetzt. Je weniger gefühlsmäßig Sie an einer Sache beteiligt sind, um so öfter müssen Sie alles wiederholen, um es in Ihrem Gedächtnis zu speichern. Sich eine »Eselsbrücke bauen« meint nichts anderes, als sich einen künstlichen Anker für etwas zu schaffen, was sich ansonsten nicht ankern läßt, weil man es zu uninteressant findet.

2. Die zweite Möglichkeit, etwas zu ankern, geschieht durch emotionale Beteiligung. Treten bei einem Erlebnis starke Gefühle auf, können Anker in einem kurzen Moment gesetzt

Auf viele Anker reagieren wir unbewußt. Resonanz herstellen bedeutet im NLP, sich in möglichst vielen Situationen bewußtzumachen, welches Signal mit welchem Gefühl gekoppelt ist.

Eine Fotosammlung von Verwandten und Freunden ist ein visueller Anker. D. h., oftmals fällt einem beim Betrachten einer abgebildeten vertrauten Person deren Stimme, eine Begebenheit oder sogar deren Geruch ein.

Anker sind neurologische Assoziationen. Durch sie werden Prägungen aus der Vergangenheit wachgerufen; man durchlebt das damalige Verhaltensmuster erneut.

werden. Assoziationen sind dabei meistens sehr hilfreich. Sie geben uns Hinweise, warnen uns vor Gefahren und weisen uns auf etwas zu Erwartendes hin.

Unangenehme Erlebnisse in der Vergangenheit können das Leben von Menschen noch in der Gegenwart negativ beeinflussen. Es können Abwehrreaktionen wie Ängste dadurch entstanden sein. Ein externer Reiz kann diesen einmal gesetzten Anker immer wieder aufs neue aktivieren und die entsprechenden Gefühle auslösen. Um einem solchen Anker eine neue, positive Assoziation zu geben, müssen wir ressourcenreiche Umstände schaffen.

Dies tun wir in zwei Schritten:
1. Wir wählen einen wünschenswerten emotionalen Zustand.
2. Wir verknüpfen diesen positiven Zustand mit einem bestimmten Anker. Sie kennen bestimmt das Beispiel vom

Knoten im Taschentuch, der als Gedächtnisstütze, als Anker für einen Termin dient. Ein anderes Beispiel sind Sportler, die vor einem wichtigen Spiel immer dieselben Rituale vornehmen. Entweder sie haben ein Maskottchen, oder sie benützen einen Glücksbringer. Häufig sieht man auch, wie sie bei bestimmten Bewegungen die Arme in die Luft werfen, sich an die Brust fassen, einen Gegenstand berühren oder ihren Blick zum Himmel richten.

Anker bewußt einzusetzen ist eine der hilfreichsten und wirkungsvollsten Methoden, in einen ressourcenreichen Zustand zu kommen. Sie können damit Ihr eigenes Verhalten und das anderer Leute verändern. Wenn Sie ressourcenreich in eine Verhandlung gehen, können Sie sich eigentlich nur verbessern und Spitzenleistungen erreichen. Denn was Sie ausstrahlen, das ziehen Sie auch an. Mit der Ankertechnik lassen sich nicht nur negative in positive Anker verwandeln, sondern auch einfach nur positive Anker setzen, die zu jedem gewünschten Zeitpunkt und Anlaß wiederverwendet werden können.

Übung 1: Ressourcen ankern

Eine NLP-Technik, mit der Sie Ihre emotionalen Wahlmöglichkeiten erweitern können, ist das Ankern von Ressourcen.

Dabei sind folgende Punkte zu beachten:
- Ein Anker muß charakteristisch und einzigartig sein.
- Ein Anker muß exakt wiederholbar sein.
- Ein Anker muß mit einem Gefühlszustand verbunden sein, der lebhaft und komplett wiedererlebt werden kann.
- Ein Anker muß genau dann gesetzt werden, wenn der Gefühlszustand auf dem Höhepunkt ist.
- Sie müssen absolute Klarheit über den Gemützustand haben, den Sie ankern wollen.

Wenn wir unsere individuellen Anker für einen positiven emotionalen Zustand kennen, können wir diese Auslöser bewußt einsetzen und so die gewünschte Verfassung zu einem immer wieder abrufbaren Programm werden lassen.

Diese Übung zeigt Ihnen, wie Sie ressourcenreiche Gemütszustände ankern.

- Suchen Sie sich einen ruhigen Platz. Machen Sie es sich bequem. Entspannen Sie sich, schließen Sie die Augen. So können Sie sich besser konzentrieren.

- Holen Sie sich die Situation, in der Sie sich zukünftig gern anders fühlen möchten, in Ihr Gedächtnis zurück. Machen Sie sich ein klares Bild davon. Betrachten Sie genau, was Sie daran als negativ empfinden.

- Nun suchen Sie sich aus einem vergangenen Erlebnis einen positiven Gefühlszustand aus, den Sie am liebsten auch während der negativen Situation zur Verfügung hätten. Dies kann jeder von Ihnen als positiv empfundene Zustand sein, wie Fröhlichkeit, Unbeschwertheit, Mut, Kreativität, Hoffnung oder Liebe. Sie werden den Zustand, der Ihnen am geeignetsten erscheint, wahrscheinlich ganz intuitiv wählen.

- Wenn Sie diese positive Ressource gefunden haben, suchen Sie nach einem Ereignis in Ihrem Leben, bei dem Sie dieses Gefühl hatten. Vielleicht fallen Ihnen mehrere Beispiele ein. Wählen Sie davon dasjenige aus, das Sie am intensivsten und deutlichsten vor sich sehen.

- Sollte Ihnen kein persönliches Erlebnis mit Ihrer gewünschten Ressource einfallen, dann erschaffen Sie sich ein fiktives Erlebnis mit einem bekannten Menschen oder einer erfundenen Figur, der diese Ressource zur Verfügung steht und die Sie gut nachempfinden können. Auch wenn Sie sich diese Figur nur ausdenken und vorstellen, Ihre Gefühle sind trotzdem echt und real – darauf kommt es an!

- Wenn Sie nun Ihre Situation im Kopf haben und Sie auf dem Höhepunkt Ihres positiven Gefühls sind, setzen Sie Ihren Anker.

- Wählen Sie zuerst einen kinästhetischen, dann einen auditiven und zum Schluß einen visuellen Anker. Sollte Ihnen eine andere Reihenfolge sympathischer sein, so ändern Sie

Bei der ersten Ankerübung sollten Sie unbedingt darauf achten, daß Sie genügend Zeit und die nötige Ruhe haben. Auch völlige Entspanntheit ist sehr wichtig. Konzentrieren Sie sich dann ausschließlich auf Ihre Übung, lassen Sie sich von nichts ablenken!

diese nach Ihrem Wunsch, jedoch ist die vorgeschlagene der Erfahrung nach die spontan am häufigsten angewendete. Sie können auch nur in einer einzigen Modalität ankern. Wenn Sie bei einem ungewöhnlichen Erlebnis einen überaus starken visuellen oder auditiven Reiz hatten, dann kann dieser für einen Anker vollkommen ausreichend sein, um Sie wieder in den früheren ressourcenreichen Zustand zu versetzen.

Der kinästhetische Anker

Das ist ein körperlicher Reiz; er kann durch Berühren eines gut zugänglichen Körperteils, z. B. eines Arms oder Fingers, gesetzt werden. Sie können auch einen Daumen und einen Finger zu einem Ring schließen und fest zusammendrücken. Weitere beliebte physische Anker sind: eine Faust machen oder mit einer Hand das Handgelenk der anderen Hand umfassen. Dieser Vorgang sollte möglichst unauffällig sein, damit Sie ihn überall anwenden können.

Analog zu unseren fünf Sinnen haben wir fünf Ankermöglichkeiten. Achten Sie bei der Auswahl der Anker darauf, daß sie in möglichst vielen Situationen zur Verfügung stehen: z. B. das Berühren der Finger (kinästhetisch), Zungenschnalzen (auditiv), ein Foto in der Brieftasche (visuell), ein Duftöl (olfaktorisch), ein Bonbon (gustatorisch).

Diese typische Geste ist ein untrügliches Zeichen für Nachdenken. Neben der reinen Geste bewirkt die Berührung eine Stimulation der Durchblutung – und damit eine Steigerung der Denkfähigkeit.

Der auditive Anker

Das ist ein Geräusch; es kann von außen oder von uns selbst kommen. Das kann ein Wort oder ein ganzer Satz sein, den Sie sagen. Es ist nicht so wichtig, welchen Ausdruck Sie benutzen, solange er sich gut für Sie anfühlt. Jedoch ist sehr wichtig, wie Sie es sagen. Es muß ein bestimmter, ganz besonderer Tonfall sein; vielleicht braucht er auch eine gewisse Lautstärke, um wirksam zu sein. Sprechen Sie mit sich selbst in einer Weise, die voller Selbstvertrauen ist. Setzen Sie auf diesem Gefühlshöhepunkt einen kräftigen Anker, der in problematischen Situationen stark genug ist, Sie in diesen ressourcenreichen Zustand zu versetzen.

Sie sollten in der Lernphase des Ankerns diese Auslöser so häufig wie möglich testen. Besonders geeignet ist dazu die Zeit kurz nach dem Aufstehen und vor dem Zubettgehen. So trainieren Sie Ihre Anker und haben sie in Streßsituationen zuverlässig zur Verfügung.

Der visuelle Anker

Das ist das Bild, das Sie während des Erlebnisses vor Ihrem geistigen Auge sehen. Wenn Ihnen kein geeignetes Bild einfällt und Sie sich selbst eines erschaffen müssen, so können Sie jedes sich positiv anfühlende Bild wählen. Was haben Sie gesehen, als Sie sich das letzte Mal voller Selbstvertrauen und glücklich gefühlt haben? Eine Landschaft, ein Kunstwerk, angenehme Menschen, einen Blumenstrauß? Visualisieren Sie etwas Charakteristisches, Besonderes, denn nur mit einem ungewöhnlichen Bild können starke Anker gesetzt werden, die sich später abrufen lassen.

Der olfaktorische Reiz

Ein Geruch, eine Duftnote, dient häufig als Ergänzung der oben beschriebenen gängigsten Modalitäten: Er verstärkt diese und rundet das ganze Bild ab. Auch werden häufig Kombinationen von zwei Sinnesreizen stark wahrgenommen und geankert, z. B. sehen und riechen oder hören und riechen.

Fallbeispiel: Ressourcen erfolgreich ankern

John hat bei einem Wettbewerb einen Preis gewonnen, der ihm bei der Preisverleihung überreicht wird. Es herrscht eine festliche Stimmung im Saal, viel Publikum ist anwesend. Im Hintergrund spielt leise Musik, die Leute unterhalten sich, viele kommen auf John zu, gratulieren ihm und äußern Bewunderung für seine Leistung. Dann kommt der eigentliche Festakt, und John wird auf die Bühne gerufen. Der Präsident überreicht ihm eine Urkunde, sagt ihm anerkennende Worte, drückt ihm die Hand und berührt dabei mit seiner linken Hand Johns rechten Oberarm: eine herzliche Geste in einer außerordentlichen Situation. John freut sich und fühlt sich großartig wie schon lange nicht mehr.

Wenn John zukünftig von jemandem in gleicher oder ähnlicher Weise am rechten Oberarm berührt wird, überkommt ihn dasselbe Glücksgefühl. Ein positiver Anker wurde in diesem Fall von außen durch die Berührung einer anderen Person gesetzt. Einen eigenen Anker hat John wahrscheinlich bereits unmittelbar nach seiner vollbrachten Leistung selbst gesetzt.

Nehmen wir an, er hat ein Tennismatch gewonnen, dann hat er nach dem letzten Punkt zum Sieg sicherlich eine Erfolgsgeste gezeigt: Vielleicht hat er den Schläger in die Luft geworfen und dabei die Arme hochgerissen, oder er hat die geballte Faust gen Himmel gestoßen. Eine Siegerpose hinterläßt starke Anker, vor allem über den kinästhetischen Reiz. Natürlich hat John auch die Geräuschkulisse (auditiv), das Aussehen und die Form (visuell) des Tennisplatzes wahrgenommen, denn die alle Sinne umfassende Perzeption gehört zu einem starken Anker. Wenn John künftig diesen ressourcenreichen Zustand in anderen Situationen erleben will, so kann er denselben Gemütszustand abrufen, den er während des sportlichen Ereignisses hatte.

Hier ist eine anerkennende Berührung bzw. eine Siegerpose das Signal, das gekoppelt ist mit den Gefühlen Erfolg, Bewunderung, Respekt, Freude, Belohnung und Motivation.

Übung 2: Lebenseinstellung positiv verändern

Es kann sein, daß Sie beim Lesen dieses Buches nach und nach mehrere negative Anker an sich entdecken, die Sie schon eine Weile durch Ihr Leben schleppen und die Sie nun gern umwandeln wollen. Natürlich können Sie diese – wie oben beschrieben – alle einzeln bearbeiten. Sind es aber zu viele und nicht genau definierbare Anker, mit denen Sie sich nicht besonders gut fühlen, so zeigt Ihnen folgende Übung, wie Sie einen sehr kraftvollen, positiven Anker erzeugen.

- Erinnern Sie sich an die schönste und angenehmste Erfahrung in Ihrem Leben. Öffnen Sie Ihre rechte Hand, und legen Sie diese Erfahrung und die dabei erlebten Gefühle hinein.
- Überlegen Sie sich weitere Ereignisse, bei denen Sie positive Gefühle erlebt haben: z.B., als Sie stolz auf sich sein konnten, jemanden sehr liebten oder sehr fröhlich waren. Alle diese Gefühle legen Sie ebenfalls in Ihre rechte Hand.

Mit einem intensiven Selbstanker können Sie sich jederzeit in den gewünschten emotionalen Zustand versetzen. Sie spüren, daß Sie selbst entscheiden können, welche Gefühle Sie erleben wollen.

Sich schöner Momente – und das nicht nur im erotischen Bereich – in seinem Leben zu erinnern kann das vergangene Glücksgefühl wieder wachrufen.

• Erleben Sie, wie sich die nun in Ihrer Hand befindlichen positiven Aspekte anfühlen, und bleiben Sie in diesem Zustand für einen kurzen Moment.

• Fügen Sie nun in Gedanken spontan eine Farbe hinzu. Vielleicht ergibt sich in Ihrer Vorstellung auch eine Form, und Sie hören gleichzeitig Töne oder Musik.

• Halten Sie Ihre rechte Hand geschlossen, und genießen Sie das Gefühl der Freude.

• Öffnen Sie nun die linke Hand, und legen Sie alles Negative dort hinein, Ihre Sorgen und Ängste, all Ihre ärgerlichen und deprimierenden Erfahrungen.

• Nehmen Sie innerlich Abstand von dem, was Sie nun in der linken Hand halten. Dissoziieren Sie sich davon.

• Geben Sie auch hier eine Farbe hinzu, jedoch eine andere als die in der rechten Hand. Vielleicht sehen Sie ebenfalls eine Form, oder Sie hören Töne und Stimmen, z.B. eine gesprochene Äußerung, die Sie als unangenehm empfanden.

• Stellen Sie sich vor, daß nun die Anker in beiden Händen vermischt werden. Sie können alles, was Sie in beiden Händen halten, wie zwei Flüssigkeiten ineinanderfließen lassen. Stellen Sie sich vor, daß der Inhalt der linken Hand die Farbe von dem in der rechten Hand übernimmt.

• Legen oder falten Sie Ihre Hände jetzt zusammen, und erleben Sie, wie in beiden Händen die gleiche Farbe ist. Verharren Sie in diesem Gefühl einen kurzen Moment. Jetzt sollten Sie deutlich spüren können, daß die negativen Gefühle in der linken Hand sehr schwach werden oder sogar ganz verschwinden.

Wenn Sie dies nach dem ersten Versuch noch nicht deutlich spüren, dann wiederholen Sie die Übung noch einmal. Es ist wichtig, daß Sie schnell und spielerisch vorgehen und einen klaren Kopf dabei behalten, also nicht in Trance oder in einen meditativen Zustand verfallen!

Sie können das Optimum einer als sehr angenehm erfahrenen Situation erforschen, indem Sie mit den Submodalitäten spielen: Stellen Sie sich das Positive mal größer, mal kleiner, mal lauter, mal leiser etc. vor, bis Sie spüren, daß Sie einen Idealzustand für sich geschaffen haben. Ankern Sie erst dann.

Übung 3: Negative Einstellungen umwandeln

Negative Gefühle und Streß erscheinen deshalb oft so ausweglos, weil wir uns darin gefangen fühlen; wir sind nicht in der Lage, positive Aspekte wahrzunehmen. Betrachten Sie die Problemsituation einmal von der Beobachterposition aus. Sie werden sehen: Vieles erscheint Ihnen plötzlich gar nicht mehr so negativ.

Eine positivere Einstellung zu einer Person, die Sie nicht besonders mögen, erreichen Sie mit der folgenden Übung.

● Legen Sie die Person, die Sie nicht mögen, in Ihre linke Hand. In Ihre rechte Hand legen Sie eine Person, die Sie sehr lieben und schätzen.

● Versuchen Sie nun, die beiden Gesichter der Personen zwischen Ihren Händen zu vermischen. Tun Sie das sehr schnell. Es ist nicht wichtig, immer zu wissen, wer gerade in welcher Hand ist.

● Legen oder falten Sie dann Ihre Hände zusammen, und entspannen Sie sich. Sie werden feststellen, daß die ungeliebte Person ihre negative Wirkung auf Sie verloren hat. Sie fühlt sich für Sie nun zumindest neutral an.

Die fünf Rollen des einzelnen für ein harmonisches Miteinander

1. Individuum
Mögen Sie sich so, wie Sie sind?

2. Geschlechterrolle
Fühlen Sie sich als Frau/Mann akzeptiert?
Akzeptieren Sie sich selbst?

3. Rangordnung
Können Sie Verantwortung tragen bzw. sie abgeben?

4. Teamfähigkeit
Können Sie mit anderen arbeiten und spielen?

5. Soziales Umfeld
Erleben Sie Ihre Beziehungen zur Familie, zu Nachbarn, zu Arbeitskollegen usw. als positiv?

Übung 4: Positive Gefühle ankern

Eine besonders schöne und leichte Übung, um ein positives Gefühl zu ankern, ist die folgende.

● Versetzen Sie sich gedanklich in ein positives Erlebnis, durchleben Sie das wunderbare Gefühl, das Sie ankern wollen.
● Stellen Sie sich alle Einzelheiten vor: Wie sah die Umgebung aus, welche Geräusche nahmen Sie wahr, wie hat es sich angefühlt? War es warm oder kühl, hart oder weich, hell oder dunkel, schwarzweiß oder farbig?
● Spielen Sie die Szene durch. Auf dem Höhepunkt des positiven Gefühls ballen Sie die Faust und stoßen sie kraftvoll nach oben in die Luft. Sagen oder rufen Sie dabei ein zuversichtliches Ja aus. Sicher haben Sie diese Geste schon des öfteren bei einem siegreichen Sportler beobachtet.

Machen Sie diese Übung ein paarmal. Später können Sie das geankerte großartige Gefühl jederzeit anhand der geballten, hochgestreckten Faust von neuem erzeugen.

Übung 5:
Ankern bei Erziehungs- und Lernproblemen

NLP-Arbeit mit Kindern macht Spaß. Sie ist meistens sehr erfolgreich und wirkt schnell. Die ganze Erziehung beruht gewissermaßen auf neurolinguistischem Programmieren, nur nehmen wir dies nicht als solches wahr.

Was wir als Kind von Eltern, Erziehern und sozialem Umfeld auf- oder übernehmen, ist das Potential für unsere spätere Lebensgestaltung. Je nachdem, wie wir als Kinder die Erziehungsmethoden erlebten, zeigen sich ihre »Früchte« im Erwachsenenalter.

NLP mit Kindern ist recht unproblematisch, da sie meist wesentlich mehr Phantasie als Erwachsene haben und Begriffe ohnehin in Bildern, Klängen und Gefühlen erfassen. Leider ist spielerisches Lernen aber unserem Schulsystem, das mit starren Notenrastern arbeitet, fremd. Lernen wird deshalb verbunden mit Anstrengung und Zwang.

Wenn Kinder schlecht in der Schule sind, spielt dabei oft die Haltung der Eltern eine Rolle. Sie drohen bei schlechten Zensuren mit Strafe. Versagensängste bauen dann beim Kind eine Blockade auf, die verhindert, daß es sich verbessert – ein verhängnisvoller Teufelskreis. Um Abhilfe zu schaffen, muß er durchbrochen werden.

Kinder mit Streßsymptomen sind in unserer Leistungsgesellschaft eine alltägliche Erscheinung. Da Kinder sich darüber noch nicht verständigen können, nehmen dies die meisten Eltern leider weder wahr noch ernst. Mit der Ankertechnik lassen sich die Probleme unserer Kinder auf ganz behutsame Weise bearbeiten und lösen. Es findet eine echte Zusammenarbeit zwischen Eltern und Kind statt: Gespräche werden geführt, und anhand physischer und sinnlicher Reize werden beim Kind entsprechende Anker bewußt gesetzt.

Fallbeispiel: Lernschwäche und Konzentrationsmangel

Dirk, acht Jahre alt, geht in die Grundschule und hat jeden Dienstagmorgen Bauchschmerzen. Ihm ist übel, er möchte nicht zur Schule gehen. Seine Mutter beobachtet die immer wiederkehrende Szene über einen längeren Zeitraum, bis sie an einem Dienstag vormittag in seinen Stundenplan schaut. Sie stellt fest, daß nur an diesem einen Tag Französischunterricht stattfindet. Daraufhin führt sie mit ihrem Sohn ein liebevolles, behutsames Gespräch und findet heraus, daß Dirk sich fast zu Tode ängstigt, weil die Lehrerin »immer nur mich aufstehen läßt und mir Fragen stellt«. Dirk gesteht nun auch ein, daß er nie eine Antwort weiß und Französisch eigentlich haßt.

Die Mutter verspricht Dirk, daß sie ihm zukünftig gerne bei seinen Französischhausaufgaben hilft, damit er seine Kenntnisse verbessert. Sie sagt ihm außerdem, daß sie ihn immer liebhabe, egal, ob er nun gut oder schlecht in Französisch sei. Dirk ist darüber sehr erstaunt, denn er glaubte, mit seinen guten Leistungen auch die Zuneigung seiner Mutter zu erhalten. Hier zeigt sich eine weitverbreitete Vorstellung unserer Gesellschaft: Nur ein schulisch gutes Kind verdient die Liebe seiner Eltern.

Ein einfühlsames, liebevolles Gespräch zwischen Mutter und Sohn verhilft nicht nur zur Problemlösung, sondern schafft auch ein intensives Vertrauensverhältnis.

Weiter führt die Mutter Dirk die Französischlehrerin als nette Person vor Augen, die ihm sicherlich nichts Böses antun wolle. Sie fordert ihn auf, sich die Lehrerin freundlich und lobend vorzustellen. Sie macht Dirk klar, daß er durch unterstütztes Lernen zu Hause in Zukunft keine Angst mehr vor den Fragen der Lehrerin haben muß. Die Mutter plant, mit ihm im nächsten Urlaub nach Frankreich zu fahren. Sie malt ihm aus, welche Vorteile er dort mit der französischen Sprache haben werde. Dann läßt sie Dirk erzählen, wie es im Klassenzimmer aussieht, wo er seinen Platz hat und wer neben ihm sitzt, welche Geräusche und Farben es dort gibt, ob es warm oder kühl ist. Alle diese Angaben verwendet die Mutter in ihrem Gespräch mit Dirk in positiver Weise. Während sie dies tut, hält sie Dirks rechte Hand und umfaßt mit ihrer linken Hand seinen rechten Oberarm. Im Hintergrund läuft ein Musikstück, das Dirk mag, und eine Aromalampe verströmt angenehmen Duft, z.B. von Zitronen- oder Orangenöl, das die Konzentration fördert.

In unserem Beispiel hält die Mutter die Hand des Kindes und berührt seinen Arm. Andere Berührungen, z. B. die Hand auf die Schulter legen, sind genauso geeignet. Wichtig ist aber, daß diese Geste immer die gleiche bleibt, damit ein Anker gesetzt werden kann.

Dann fordert sie Dirk auf, sich vorzustellen, daß er eine sehr gute Arbeit in Französisch geschrieben habe. Er soll sein Glücksgefühl zeigen, z.B. indem er seine Arme hochstreckt und ruft: »Ich kann es!« oder »Ich bin gut!« Sie läßt ihn dieses Gefühl einen Moment genießen und sagt, daß er von nun an erfolgreich sein könne, wenn er es wirklich wolle.

Durch Anker ein positives Selbstbild schaffen

Auf diese Weise wurden mindestens zwei starke Anker in Richtung Selbstvertrauen gesetzt: erstens durch das Gespräch und die Berührung der Mutter und zweitens durch Imagination des Gefühlszustands und des Ausrufs mit der geballten Faust in der Luft.

Der Vorgang kann beliebig oft, immer etwas abgewandelt, aber stets unter den gleichen Begleitumständen, wiederholt werden. Durch dieses Ritual entsteht eine vertrauensvolle Atmosphäre zwischen beiden, in der die Mutter den Lehrstoff des zurückliegenden Französischunterrichts mit ihrem Sohn leichter durcharbeiten kann. Wichtig ist vor allem bei jüngeren Schulkindern, daß der Vorgang ein Spiel bleibt, auf das sich das Kind freuen kann. Er sollte eine halbe bis dreiviertel Stunde nicht überschreiten.

Damit Dirks Motivation auch anhält, ist es wichtig, immer wieder die positive Atmosphäre im Französischunterricht möglichst bildhaft darzustellen und ihn die Übung mit den hochgestreckten Armen machen zu lassen. Auf diese Weise verringern sich die Ängste des Kindes, und sein Vertrauen in seine Fähigkeiten wächst.

Entscheidend für den Erfolg mit einem Kind ist jedoch auch das Glaubenssystem des Erziehers: Wenn ein Erwachsener davon überzeugt ist, daß z.B. nur Menschen mit akademischem Abschluß ihre Ziele erreichen, da sie in der Gesell-

Wichtig für eine positive Lernatmosphäre:
- Entspanntheit von Lehrendem und Lernendem
- Informationen müssen mit allen fünf Sinnen aufnehmbar sein
- Der Stoff muß immer wieder neugierig machen
- Keine »Wissensüberfütterung«
- Über allem soll der Satz »Lernen macht Spaß!« stehen.

schaft mehr anerkannt werden, wird sich dieses Glaubens-
muster auch auf ein Kind übertragen. Oft werden durch die
Muster der Eltern die eigentlichen Talente und Anlagen ihrer
Kinder übersehen oder gar zugeschüttet. Sie können sich
nicht richtig entfalten. Der Mißerfolg ist vorprogrammiert.
Die Folgen: Es entstehen Frustration, Unzufriedenheit, Streß
und Leistungsabfall.

Die Wort-Bild-Technik bei Legasthenie und Rechtschreibschwäche

Rechtschreibstarke Menschen verfügen im Unterschied zu
rechtschreibschwachen über eine besondere Fähigkeit: Sie
können ein Bild des zu schreibenden Worts visualisieren. Sie
notieren verschiedene Versionen des Worts auf ein Blatt
Papier, betrachten es wie ein Bild und erkennen, welche
Schreibweise die richtige ist. Diese bildhafte Vorstellung
fehlt rechtschreibschwachen Menschen. Die Buchstabenfolge des Worts bleibt abstrakt, ohne Bildassoziation.
Legasthenikern wird im Sprechunterricht empfohlen, sich
vor allem auf den Klang des Wortes zu konzentrieren und die
Schreibweise zu »hören«.
Auf diese Weise wird jedoch in erster Linie das auditive
Repräsentationssystem angesprochen und geschult. Wird
dieses zusammen mit dem visuellen System trainiert, so sind
die Erfolgschancen sehr viel größer.

Im NLP wird in erster Linie die Wort-Bild-Technik gelehrt
und trainiert. Man lernt, sich an das Gelesene als Bild zu
erinnern. Dazu wird zu einem Wort ein Bild assoziiert, das
dann in einer kreativen Schreibweise zu Papier gebracht
wird: Es können aus einzelnen Buchstaben oder Wortteilen
kleine Bilder gezeichnet werden, die sich dauerhaft in das
Gedächtnis einprägen und so gut behalten werden.

Wenn die Schreibweise von Wörtern Schwierigkeiten bereitet, sollte man versuchen, sie zu visualisieren. Das kann auch auf Papier passieren; beispielsweise können die Buchstaben in verschiedenen Farben geschrieben oder das Wort kann mit kleinen Zeichnungen versehen werden. So ein Wort-Bild übernimmt dann die Funktion eines Ankers.

Fallbeispiel: Selbstmotivation durch Wort-Bild-Training

Michael ist acht Jahre alt und kann sich in der Schule nicht konzentrieren. Er hat schlechte Noten im Rechtschreiben, was sein Selbstbild negativ beeinflußt. In den anderen Fächern zeigt er gute Leistungen und kann nicht verstehen, warum er gerade mit dem Schreiben solche Probleme hat. Seine Eltern gehen zu einer NLP-Beratung.

An Erfolge anknüpfen

Die Beraterin fragt Michael nach einer Situation in der Schule, an die er sich gut erinnern kann und in der er sich besonders gut fühlte, weil er Erfolg hatte. Sie schmückt das Gespräch mit positiven Worten und bildhaften Darstellungen aus, so daß Michael es sich wie einen Film vorstellen kann. Sie ermutigt ihn: Er könne öfter solche Erfolgserlebnisse haben, wenn er nur wolle. Sie fragt ihn, was er sich bezüglich des Rechtschreibens besonders wünsche.

Er erzählt ihr, daß er sonst gute Noten habe und sich deshalb besonders darüber ärgere, daß er immer in der Rechtschreibung so schlechte Noten habe. Er befürchte, daß er deswegen in der Schule nicht weiterkomme. Gemeinsam versuchen die Beraterin und Michael herauszufinden, was sich in seinem Kopf abspielt, wenn er ein schwieriges Wort schreiben soll. Sie stellen fest, daß er sich ganz auf den Klang des Wortes konzentriert und meist schon bei Ankündigung eines Diktats großes Chaos in seinem Kopf herrscht. Das wiederum führt zu Verzweiflung und Konzentrationsschwäche, die ihn dann alles falsch machen lassen.

Die Beraterin fängt an, aus Wörtern Bilder entstehen zu lassen, und Michael macht begeistert mit. Er wird die bearbeiteten Wörter speichern und künftig richtig schreiben.

Wichtig für den Erfolg einer NLP-Beratung sind das Herausfinden und das Setzen positiver Anker. So wird eine Motivation geweckt, das Problem zu lösen.

Wort–Bilder herstellen

Dazu kann man sich vorstellen, daß die Buchstabenfolge eines Wortes gewissermaßen ein Bild darstellt, das visuell im Gehirn gespeichert werden kann. Dieser Vorgang ist völlig abstrakt und deshalb für Kinder oft schwierig zu erfassen. Über die bildhafte Darstellung, z. B. beim Niederschreiben auf Papier, bekommt das Wort eine visuelle Qualität, die besser aufgenommen wird. Sicherlich kennen Sie die Angewohnheit mancher Menschen, die bei Unsicherheiten mit der Rechtschreibung ein Wort in mehreren Varianten niederschreiben, um zu sehen, welche Schreibweise richtig ist und welche nicht. Genau dieser Vorgang wird im Wort-Bild-Training durchgeführt. Bei Kindern können einzelne Buchstaben größer oder farbig dargestellt oder in der Form etwas verändert werden. Damit entsteht ein besonders eindrucksvolles Wort-Bild. Diese ganz und gar visuelle Vorgehensweise bewirkt eine neue internale Repräsentation der gelernten Wörter und eine neue Wahrnehmung, vor allem beim Lesen.

Eine bestehende Rechtschreibschwäche kann durch NLP überwunden werden, wenn richtig geschriebene Wörter als Bilder im Gehirn abgespeichert werden.

Dauerhafter Erfolg mit NLP

Nach zwei bis drei Sitzungen kann Michael aus früheren Diktaten Wörter abrufen, die er bis dahin immer falsch geschrieben hat. Er ist jetzt in der Lage, dem betreffenden Wort ein »Bild« zu geben, und hat diese Schreibfehler mit dem Wort-Bild-Training korrigiert. In fünf Sitzungen von je ca. 40 Minuten Dauer werden Wort-Bilder trainiert, und die Eltern unterstützen Michael noch während dieser Zeit. Täglich kreieren sie mit ihm neue Wort-Bilder, die sein Hirn abspeichert und die er bei Bedarf abrufen kann. Danach hat Michael keine Rechtschreibschwierigkeiten mehr. Dieses Ergebnis ist von Dauer, da Michaels bildhaftes Vorstellungsvermögen geschult wurde.

Wagen Sie den Sprung –
Sie werden auf keinen Fall
ins Bodenlose fallen.

Beim Swish oder Hush (=abdämpfen) hält ein gewünschtes Bild, das für ein angestrebtes Verhalten steht, Einzug in uns, während ein altes, mit negativen Gefühlen besetztes Bild dadurch aus uns herausgedrängt wird.

Probleme lösen mit NLP-Techniken

Die Swish-Technik

Der englische NLP-Begriff »Swish« setzt sich aus zwei Wörtern zusammen: to wish = wünschen und to switch = schalten oder umschalten. Mit dieser NLP-Technik können Glaubenssysteme (Einstellungen, Vorurteile etc.) »umgeschaltet« und verändert werden. Die Folge: Alte, überkommene Verhaltensmuster, die auf diesen Glaubenssystemen beruhen, können durch neue, wünschenswerte Verhaltensmöglichkeiten ersetzt werden. Wir arbeiten dabei mit internalen Repräsentationen, also mit Gedankenbildern für Erlebnisse, die unser Gehirn mit einem bestimmten Gefühlszustand abgespeichert hat.

Mit der Swish-Technik können Sie sich sehr schnell besser fühlen. Der Grund: Negative, ressourcenarme Zustände werden in positive, ressourcenreiche Zustände umgewandelt. Sie können damit eine ganz konkrete Empfindung verändern, die ein bestimmtes unerwünschtes Verhalten bei Ihnen auslöst. Wenn Sie sich z.B. dazu entschlossen haben, das Rauchen aufzugeben oder einige Kilogramm abzunehmen, können Sie sich mit Hilfe der Swish-Technik erfolgreich umprogrammieren.

Den »inneren Schweinehund« überwinden

Ist es nicht eine verflixte Sache, daß gerade in der Woche, in der Sie eine Diät anfangen wollten, jede Menge Einladungen zum Abendessen ins Haus flattern? Oder Sie wollten ab morgen keinesfalls mehr rauchen, aber da hat ein Freund seine große Geburtstagsparty, und übermorgen ist das Abschiedsfest einer Kollegin mit vielen Gästen, die zum großen Teil rauchen – und Sie müssen dabeisitzen und leiden. »Nein!« sagen Sie sich. »Das schaffe ich nicht.« Damit haben Sie sich zunächst einmal – wie schon so oft – dazu entschlossen, noch eine Weile in den alten Mustern weiterzuleben. Sie haben ja auch jede Menge »gute« Entschuldigungen dafür gefunden, warum Sie die Veränderung jetzt noch nicht vollziehen können.

Für einen Moment macht uns das ein schlechtes Gewissen, das sich auch immer wieder meldet. Aber wir verfügen über einen meisterhaft funktionierenden Verdrängungsmechanismus, der die Schuldgefühle sofort niederkämpft. Jedesmal, wenn wir an unseren Vorsatz denken, bekommen wir ein schlechtes Gefühl und ärgern uns darüber, daß unser »innerer Schweinehund« wieder einmal gesiegt hat. Die Entscheidung, ihn nicht gewinnen zu lassen, ist oft schwer.

Erfolgserlebnisse machen stark

Wenn der Wunsch nach Veränderung aber beherrschend wird, kann eine Versuchung noch so groß sein: Sie werden ihr nicht mehr erliegen. Ein einmal gefaßter Entschluß wird für Sie zur Herausforderung. Sie möchten ein Erfolgserlebnis haben und stolz auf sich sein.

Eine Veränderung, die Sie sich schon lange wünschen, deren konsequente Durchführung Sie bisher aber nicht geschafft haben, hinterläßt ein ungutes Selbstbild. Im Unterbewußtsein fühlen Sie sich nicht stark genug – und das wiederum wirkt sich auf Ihr Verhalten aus. Die folgende Übung zeigt Ihnen, wie Sie mit NLP eine erwünschte Veränderung auch in die Realität umsetzen.

> Eine der Grundannahmen im NLP besteht darin, daß wir eine Gewohnheit erst dann aufgeben, wenn wir etwas Besseres dafür gefunden haben. Die Kunst besteht also darin, ein erwünschtes Verhalten so attraktiv wirken zu lassen, daß wir dafür gern auf das alte Muster verzichten.

Übung: Umprogrammieren alter Verhaltensmuster

Diese einfache und sehr effektive Visualisierungsübung können Sie bei allen unerwünschten Verhaltensmustern, die Sie ablegen und durch neue ersetzen wollen, anwenden. Wichtig ist dabei, ein klares, hellwaches Bewußtsein zu haben und sich nicht etwa in einem tranceartigen oder meditativen Zustand zu befinden.

● Schließen Sie die Augen, damit Sie sich besser konzentrieren können.

● Bestimmen Sie zuerst das Verhalten, das Sie verändern wollen, so genau wie möglich. Sagen Sie sich z.B.: »Ich will nicht mehr so schüchtern sein und auf Leute zugehen können.«

● Schaffen Sie sich von einer Situation, in der Sie dieses unerwünschte Verhalten haben, ein großes, helles Bild. Stellen Sie sich die Szene möglichst detailliert vor, mit allem, was Sie um sich herum und an sich wahrnehmen können: den Raum, die Farben, Geräusche, Gerüche, Ihre Kleidung, Haltung und Stimmung. Schauen Sie dieses Bild ganz genau vor Ihrem inneren Auge an.

● Stellen Sie sich das Bild sehr groß vor, wie auf einer Kinoleinwand etwa. Sie sehen sich unsicher und traurig, abseits von anderen Menschen. Dabei sollten Sie auch die negative, unbefriedigende Resonanz spüren, die von der Umgebung ausgeht und auf Sie wirkt.

● Wenn Sie dieses Bild deutlich erzeugt haben, stellen Sie sich in der rechten unteren Ecke ein kleines, dunkleres Bild vor, das Ihrer Wunschvorstellung entspricht. Auf diesem sehen Sie, wie Sie sich und die Situation gern haben möchten, also die positive Variante des ersten Bilds. Dissoziieren Sie sich nun von diesem Bild, indem Sie sich mit den Augen einer anderen Person betrachten.

Für das Visualisieren gilt grundsätzlich: Aufhellen, Nähe und Größe verstärken ein positives wie ein negatives Bild, Abdunkeln, Entfernung und Kleinheit schwächen es ab.

● Lassen Sie nun in Sekundenschnelle dieses kleine Bild mit dem ressourcenreichen Verhalten anwachsen: Es wird größer und heller, so daß es das große, negative Bild überstrahlt und buchstäblich sprengt.

● Gleichzeitig können Sie das große Bild auch kleiner und dunkler werden lassen. Sie können es weiter von sich wegschieben und das wachsende positive Bild näher zu sich heranrücken.

● Auf dem Höhepunkt Ihres positiven Gefühls, das Sie während des Größerwerdens des kleinen Bilds verspüren, sagen oder rufen Sie mit größtmöglicher Dynamik: »Swish!« Das gesprochene Wort löst im Gehirn energetische Signale aus. Natürlich können Sie auch ein anderes kurzes Wort wie »Husch« oder »Ja« wählen.

Sollten Sie gerade unterwegs oder in einer Versammlung sein, können Sie die Übung auch schweigend durchführen.

● Der ganze Vorgang muß sehr schnell vor sich gehen. Machen Sie die Übung nach Wunsch ein paarmal. Begeben Sie sich jedesmal ganz in das Gefühl des kleinen, dunklen, positiven Bilds hinein, das dann hell und groß wird. Sprengen Sie das alte, negativ besetzte Bild.

● Genießen Sie das Gefühl, das zu sehen und zu erleben, was Sie sich wünschen.

● Öffnen Sie nach jeder Übung kurz die Augen; beginnen Sie – so schnell Sie können – noch einmal von vorn. Erfahrungsgemäß reichen sieben Durchgänge für eine Verhaltensänderung aus; jedoch haben viele Menschen bereits nach einer einzigen Übung schon den vollen Erfolg.

● Während der Übung können Sie sich auch mit Ihrem Gehirn unterhalten, indem Sie ihm z. B. sagen: »Sieh her, wie schlecht ich mich (auf dem ersten, negativen Bild) fühle. Ich will das nicht mehr haben – tue das (was auf dem zweiten, wachsenden Positivbild ist), so will ich es haben.« Wiederholen Sie diese Sätze mehrmals hintereinander.

Sollte es Ihnen nicht gelingen, das gesamte negative Bild zu sprengen, können Sie Ist-Bild und Wunschbild auch in Ausschnitte zerlegen, aus denen Sie dann immer zwei gegensätzliche Submodalitäten miteinander konfrontieren und durch Swishing die negative durch die positive ersetzen.

Erfolgreiche Wunschbilder

Wenn Ihnen das Wunschbild nicht attraktiv genug erscheint, wird die Verhaltensumprogrammierung nicht funktionieren. Es ist daher äußerst wichtig, daß Sie ein Bild kreieren, das die veränderte Wunschsituation deutlich zeigt, so wie Sie sie wirklich wollen. Unser Gehirn möchte sich angenehmen Dingen nähern und sich von unangenehmen wegbewegen.

Paradoxerweise reagiert der Organismus auf Substanzen, die ihn langfristig angreifen oder sogar zerstören, nach einer Weile positiv. Das Gehirn besetzt z. B. die Zigarette nicht mit Merkmalen wie Gift oder krank machend, sondern kodiert sie mit intensiver und hoher Lebensqualität. Offensichtlich hat man den Körper entwöhnt, wie sonst selbst beruhigende, wachmachende oder schmerzstillende Stoffe zu produzieren – er ist dann auf eine Zufuhr von außen angewiesen.

Wenn Sie nun versuchen, das erste, also das ressourcenarme bzw. negative Bild wiederherzustellen, werden Sie bemerken, daß es Ihnen schwerfällt. Sie werden eine Abneigung der alten Vorstellung gegenüber verspüren.

Wenn nicht, prüfen Sie sich, ob Ihr Änderungswunsch stark und wichtig genug für Sie ist. Wiederholen Sie dann die Übung noch ein paarmal. Gehen Sie dabei schneller und deutlicher vor, achten Sie darauf, daß Sie die Bilder nur ganz kurz visualisieren – wie einen Gedankenblitz. Öffnen Sie nach jeder Übung kurz die Augen.

Das Rauchen aufgeben

Warum rauchen so viele Menschen, obwohl sie ganz genau wissen, daß es ihnen schadet? Es ist doch ausreichend bekannt, welche schädlichen Wirkungen das Rauchen auf unsere Gesundheit ausübt. Manchen vermittelt es vielleicht einen Genuß, doch aus diesem Grund haben sie das Rauchen bestimmt nicht angefangen. Wenn man mit Rauchern über ihre erste Zigarette spricht, wird man selten einen finden, der sofort einen Genuß dabei verspürt hat. Im Gegenteil, der Körper sagte deutlich, daß es nicht angenehm sei, und der Magen reagierte oft mit Übelkeit.

Der suggestive Einfluß der Tabakwerbung ist enorm; ihre Botschaft bleibt im Unterbewußtsein der Menschen hängen. Es werden – vor allem in der Kinowerbung – immense Summen dafür ausgegeben, die Menschen davon zu überzeugen, daß Rauchen etwas Wünschenswertes ist. Bilder von traumhaften Urlaubsplätzen mit fröhlichen, lebensbejahenden, jungen Leuten und eingehende Musikrhythmen sollen uns in einen positiven Zustand versetzen, der mit dem Produkt assoziiert wird. Gezielt sprechen visuelle, auditive und kinästhetische Reize fast jeden Zuschauer an und versetzen ihn in einen empfänglichen (Kauf-)Zustand für das angepriesene Produkt. Durch ständige Wiederholung wird das Rauchen erfolgreich in uns geankert. Wir sind davon überzeugt, daß wir dem Bild des coolen, selbstbewußten Menschen entsprechen.

Warum rauchen Sie?

Erforschen Sie die Gründe, die Sie zu Ihrem Rauchverhalten veranlassen. Achten Sie darauf, was Sie in diesem Zusammenhang sehen, hören und spüren. In welchen Situationen greifen Sie zur Zigarette? Was verursacht Ihr Verlangen zu rauchen? Sind es äußere Reize, oder befinden Sie sich in einem ressourcenarmen Zustand und suchen »Trost« in einer Zigarette? Ein äußerer Reiz kann z.B. suggestive Werbung sein. Sie wollen sich – ganz unbewußt – mit den dort gezeigten Menschen identifizieren und rauchen deshalb. Ein ressourcenarmer Zustand kann beispielsweise Zeitdruck bei der Arbeit sein. Eine Zigarette vermittelt Ihnen vielleicht das Gefühl, gelassener die Arbeit bewältigen zu können.

Ein starker Wille ist wichtig

Wenn Sie nicht mehr rauchen wollen, dann muß diese Absicht zum beherrschenden Wunsch, zur inneren Leiden-

Die Tabaksucht wird wohl in erster Linie von einer psychischen Abhängigkeit verursacht. Schäden werden einerseits durch Nikotin, dem Alkaloid (stickstoffhaltige, basische Verbindung) aus den Tabakblättern, hervorgerufen, andererseits durch Benzpyren (Bestandteil des Steinkohlenteers), das beim Verbrennen der Zigarette entsteht.

Nikotinkonsum führt zum Suchtverhalten: Lassen Sie es nicht soweit kommen. Stellen Sie sich deutlich den kalten, abgestandenen Geruch der Zigaretten am nächsten Morgen vor – das hilft, ein negatives Bild von Rauchen entstehen zu lassen.

Nikotin bewirkt eine Anregung des zentralen Nervensystems, die Steigerung der Herz-frequenz und eine Verengung der Blutgefäße. Dadurch steigt die Gefahr eines Herzinfarkts oder Schlaganfalls. Benzpyren ist krebserregend; 98 Prozent der Lungenkrebskranken sind starke Raucher!

schaft werden. Wenn Sie sich wirklich entschlossen haben und ganz und gar beseelt sind von diesem Vorhaben, dann haben Sie auch die Kraft, es wahr werden zu lassen. NLP kann Sie auf diesem Weg wirksam unterstützen. Sollten Sie nach Ihrem Entschluß und dem Einsatz der Swish-Technik doch wieder rauchen, so war Ihr Entschluß nicht ehrlich. Es stimmt, daß der Körper nach langem Rauchgenuß in gewisser Weise süchtig ist. Ihr Gehirn ist es auch, und das können Sie mit der Swish-Technik ändern. Wann immer Sie sich eine Zigarette anstecken wollen, erhalten Sie von Ihrem Gehirn die Botschaft: »Ich möchte eine Zigarette.« Mit der Swish-Technik ändern Sie nun diese Botschaft in »Ich möchte nicht rauchen«. Bei jeder neuen Zigarette wird künftig eine ganze Reihe unangenehmer Gefühle auftreten. Sie werden mit einem erheblich schlechteren Gewissen als zuvor rauchen und es schließlich aufgeben. Wenn Sie nicht mehr rauchen und an die finanziellen und gesundheitlichen Vorteile denken, die sich daraus ergeben, freuen Sie sich über Ihren Erfolg. Fühlen Sie sich wie ein Sieger, belohnen Sie sich für Ihre Konsequenz. Ganz geschafft haben Sie es, wenn Sie nach Monaten wieder einmal eine Zigarette rauchen und dabei genau wissen, daß Sie über Ihren Willen frei entscheiden können, keinesfalls wieder zum Kettenraucher zu werden.

Wie Sie mit NLP zum Nichtraucher werden

● Schließen Sie die Augen, und stellen Sie sich ein großes, deutliches Bild vor, auf dem Sie rauchen. Stellen Sie sich vor, wie die Atmosphäre ist, welche Geräusche Sie hören und welche Gerüche Sie riechen.

● Überlegen Sie gleichzeitig, was Sie am Rauchen besonders stört, z.B. der Gestank an den Fingern, der Kleidung und sämtlichen Textilien in der Wohnung oder der schlechte Atem.

● Machen Sie sich klar, daß Zigaretten schädlich und teuer sind. Ärgern Sie sich ruhig darüber, bisher nicht stark genug gewesen zu sein, um zu widerstehen. Für das ausgegebene Geld hätten Sie sich jeden Monat etwas anderes leisten können.

● Dieses negative Bild steht jetzt groß und deutlich vor Ihnen.

● Nun stellen Sie sich in der rechten unteren Ecke dieses negativen Bilds ein kleineres Bild vor, in das Sie alle positiven Aspekte des Nichtrauchens packen. Denken Sie an Ihre ehrliche und ernsthafte Entscheidung, nicht mehr rauchen zu wollen. Stellen Sie sich vor, wie Sie sich in dieser Verfassung selbst sehen und fühlen: mit besserer Hautfarbe und Gesundheit, appetitlichem Körpergeruch, frei von Nikotinsucht – und mit mehr Geld.

Sie können die Wirkung dieser Übung noch verstärken, indem Sie eine Liste mit Begriffen erstellen, die Ihnen das Nichtrauchen besonders attraktiv erscheinen lassen, z. B. Gesundheit, längeres Leben, schöne Haut, rauchfreie Luft etc. Gestalten Sie diese Wörter dann sehr ansprechend mit Farben oder kleinen Zeichnungen. Das verstärkt die positive Zielabsicht.

- Gestalten Sie dieses Bild ganz und gar positiv. Genießen Sie es, Ihren Freunden mitzuteilen, daß Sie es geschafft haben. Vielleicht können Sie auch einen angenehmen Duft und Ihren frischen Atem wahrnehmen.
- Lassen Sie dieses positive Bild nun schnell wachsen, bis es das große negative Bild sprengt oder dieses darunter verschwindet.
- Auf dem Höhepunkt des neuen, guten Gefühls rufen Sie »Swish!« oder ein anderes, Ihnen stark erscheinendes Wort.
- Öffnen Sie nach der Übung kurz die Augen, wiederholen Sie sie noch ein paarmal. Machen Sie die Übung vor allem immer dann, wenn Sie meinen, Sie bräuchten unbedingt eine Zigarette. Stellen Sie sich vor, daß das Verlangen wirklich nur in Ihrem Kopf ist, und üben Sie kurz.

Die Swish-Übungen dürfen nur ein paar Sekunden dauern. Sollte der Wunsch nach der Zigarette dennoch wiederauftreten, so haben Sie sich nicht wirklich zum Nichtrauchen entschlossen. Es kann auch sein, daß Sie die Übung nicht richtig durchgeführt haben.

Sehr wichtig bei der Rauchentwöhnung ist, daß Sie wirklich entschlossen sind, von der Zigarette loszukommen, daß Sie auch bei auftretenden Entzugserscheinungen den Willen zum Durchhalten haben. Machen Sie sich immer wieder bewußt: Sie haben nur Vorteile, wenn Sie vom Raucher zum Nichtraucher werden.

Was in der Entwöhnungsphase hilft

Erleichtern Sie sich die Rauchentwöhnung etwas, indem Sie sich frisches Obst bereitstellen, wonach Sie – anstelle einer Zigarette – greifen können. Diese Ersatzhandlung ist wichtig, da bereits das Rauchritual – der Griff zur Zigarettenschachtel, das Herausziehen der Zigarette, das Nehmen eines Feuerzeugs und das Anzünden der Zigarette – zum Rauchgenuß zählt, für viele Raucher überhaupt das Schönste am Rauchen ist.

Das Kauen von zuckerfreiem Kaugummi hat sich ebenfalls als Übergangshilfe erwiesen. Es ist gut für die Zähne, gibt Ihnen frischen Atem und lenkt ab.

Abnehmen bei Gewichtsproblemen

Ein ähnliches Thema ist das Abnehmen bei Übergewicht. Viele Menschen sind zu dick, weil sie zuviel und zu fettreich essen. Fast alle sagen, daß sie gern schlanker wären. Diese Äußerung hat etwas Unwahres an sich, denn der Eßgenuß ist diesen Menschen immer noch bedeutend wichtiger als schlankeres Aussehen und bessere Gesundheit.

Sollten Sie ehrlich und wahrhaftig den Entschluß gefaßt haben, abnehmen zu wollen, so laufen Sie nicht gleich vor dem herrlichen Geruch Ihres Lieblingsgerichts davon. Genießen Sie den aromatischen Duft in vollen Zügen. Geben Sie sich ihm richtig hin, denn dadurch stillen Sie schon einen Teil des Genußstrebens. Währenddessen machen Sie sich bewußt, daß ein Verzicht – vielleicht muß es ja nur ein teilweiser sein – Ihnen körperlich, geistig und seelisch guttut und Sie näher an Ihr erwünschtes Ziel bringt. Ein kleiner Verzicht ist oft bereits ein kleines Erfolgserlebnis.

In unserer Gesellschaft haben viele Menschen ein gestörtes Verhältnis zur Ernährung. Das ganze Jahr über essen sie, worauf sie Lust haben, weitgehend ohne gesundheitliche Aspekte zu beachten. Dann quälen sie sich einmal pro Jahr mit einer Diät, die radikal von ihrem sonstigen Speiseplan abweicht – um danach wieder zu ihren alten Gewohnheiten zurückzukehren. Ein wirklicher, dauerhafter Erfolg beim Abnehmen ist so nahezu ausgeschlossen.

Abnehmen beginnt im Kopf: Mit dem gedachten Wunschbild der schlankeren Figur kann man es schaffen, seine Ernährungsgewohnheiten umzustellen.

Bei den meisten übergewichtigen Menschen geht es in erster Linie um eine Änderung ihres Bewußtseins: Sie meinen, daß gesunde und nicht dickmachende Nahrung nicht gut schmecke und man davon nicht satt werde. In der westlichen Welt sind fast alle Nahrungsmittel zu jeder Jahreszeit erhältlich. Da dürfte einem die Wahl an wohlschmeckenden und schlankerhaltenden Speisen leichtfallen. Wenn Sie ein Menü essen, das ganz und gar nach gesundheitsdienlichen Gesichtspunkten zusammengestellt ist, werden Sie es sicherlich mit einem guten Gewissen genießen und ein positives Gefühl dabei haben. Eine wiederholte Essenssünde hingegen wird Ihnen eher ein schlechtes Gefühl bereiten. Sie könnten sich wie ein Versager fühlen, was wiederum Ihr Selbstbild negativ beeinflußt.

Vernachlässigen Sie bei Ihren Bemühungen um Gewichtsreduzierung nie die Regel, daß Essen auch Spaß machen muß. Fanatisches, selbstkasteiendes Diäthalten mit Nahrungsmitteln, die einem nicht schmecken, kann zu einem richtiggehenden »Ernährungsstreß« führen, der dann in einer Aversion gegen jede Form gesunder Lebensweise gipfelt.

Ein neues Bewußtsein – ein neues Eßverhalten

Wenn Sie Ihr Gewichtsproblem mit der Swish-Technik bearbeiten, können Sie ein inneres Wunschbild finden, das Sie in Zukunft weniger essen läßt. Die alte Repräsentation kann lauten: »Es ist bereits zwölf Uhr – ich muß jetzt essen«, obwohl vielleicht gar kein Hunger vorhanden ist.

Die neue Repräsentation kann lauten: »Es ist bereits zwölf Uhr, aber ich werde nur ein wenig Obst oder ein Joghurt essen. Das tut mir gut, weil ich dabei abnehme und meine Selbstachtung enorm steigt. Bald werde ich meine Traumkleidung tragen können.« Sobald Sie an Essen denken, verbinden sich die alte und die neue Repräsentation miteinander, und wenn Sie daran denken, zuviel zu essen, wird diese erste (alte) Repräsentation die zweite ablösen und Sie in einen Zustand versetzen, in dem Sie weniger essen.

Machen Sie sich Ihren Änderungswunsch ganz klar. Lassen Sie ein attraktives Wunschbild entstehen, und arbeiten Sie damit.

Diäten nach persönlichen Vorlieben wählen

Nehmen wir an, Sie wollen Ihr Gewicht durch eine Diät reduzieren. Wenn Sie monatlich nur ein- bis zweimal Fleisch essen, weil Sie gegen zuviel Fleischverzehr sind, ist eine Salat-Fleisch-Diät sicher fehl am Platz. Oder wenn Sie schon seit eh und je eine Abneigung gegen Milchprodukte haben, werden Sie wohl kaum mit einer Joghurtdiät erfolgreich sein. Ihre Freunde können noch so gute Ergebnisse mit ihrer Salat-Fleisch- oder Joghurtdiät erzielt haben – es kommt allein auf Sie an, ob Ihre Wahl der Diät und Ihre Strategie des Abnehmens stimmig sind. Ist dies nicht der Fall, werden Sie entweder bald abbrechen oder aber wenig an Gewicht verlieren, weil Sie die Diät nicht konsequent durchhalten können.

Wenn Sie jedoch ein Joghurtfan sind, dann dürfte eine Diät mit diesem Nahrungsmittel gute Erfolgschancen bei Ihnen haben.

Ihre Strategien und Überzeugungen müssen mit Ihrem inneren Wunsch harmonieren. Wenn Sie beispielsweise gern Obst und Gemüse essen, so nutzen Sie diese Vorliebe zum Abnehmen. Sie können auch jede Woche einen Fastentag einlegen und nur Kräutertee und Quellwasser trinken. Die meisten dicken Menschen nehmen sichtbar und schnell dadurch ab, daß sie den Verzehr von Fett, Süßigkeiten und Mehlprodukten um die Hälfte reduzieren oder eine Zeitlang ganz darauf verzichten.

Wie Sie mit NLP schlank werden

● Schließen Sie die Augen. Schaffen Sie sich in Ihrer Vorstellung ein großes Bild, auf dem Sie sich in Ihrer momentanen Körperfülle sehen.

Allgemein sind Diäten eher fragwürdige Methoden zur Gewichtsreduzierung, weil ihr Erfolg meist nur von kurzer Dauer ist. Sehr viel besser wäre, generell für mehr Bewegung zu sorgen und seine Ernährung nach gesundheitlichen Aspekten umzustellen. Hilfe beim Erarbeiten eines ausgewogenen Speiseplans, der auch persönliche Vorlieben und Abneigungen berücksichtigt, bieten speziell ausgebildete Ernährungswissenschaftler, sogenannte Ökotrophologen.

Auch diese Übung können Sie mit positiven Begriffen verstärken. Die Wortliste könnte hier lauten: Schlankheit, Attraktivität, Wohlbefinden, Gesundheit, schicke Kleidung usw. Gestalten Sie die Begriffe bunt, zeichnen Sie sie – bis sie ästhetisch sehr ansprechend sind. Sie können sie auch auf kleine Zettel schreiben und diese an verschiedenen Plätzen in der Wohnung auslegen, damit sie Ihnen möglichst häufig präsent sind.

● Machen Sie sich deutlich, was Ihnen daran nicht gefällt: Sie sitzen in einem Restaurant, haben die Vor- und Hauptspeise bereits gegessen und bestellen nun das üppige Eisdessert. Ihre übergroße, die Pfunde kaschierende Kleidung, Ihre Haltung, Ihr Aussehen im Badeanzug – all das gefällt Ihnen nicht. Vielleicht leiden Sie schon unter einem schlechten Gewissen, unter Schuldgefühlen, Spott oder geringer Wertschätzung durch andere Menschen. Das durch diese Überlegungen entstandene Bild sollte lebendig und so groß wie eine Kinoleinwand sein.

● Rechts unten in der Ecke dieses negativen Bilds kreieren Sie nun Ihr Wunschbild. Sie sehen sich wieder in einem Lokal sitzen und essen gerade eine schmackhafte, nicht dickmachende Mahlzeit. Sie haben Ihre schlanke Wunschfigur, tragen vorteilhafte Kleidung, werden von anderen Menschen akzeptiert, vielleicht sogar bewundert.

● Empfinden Sie, wie Ihr Selbstwertgefühl und Ihr Selbstvertrauen wachsen, wie Sie sich insgesamt richtig gut fühlen. Steigern Sie sich in dieses schöne Gefühl hinein. Erleben Sie mit all Ihren Sinnen, wie es sich anfühlt, schlank und attraktiv zu sein. Stellen Sie sich auch vor, wieviel positiver sich Ihr tägliches Leben durch eine schlankere Linie und ein neu gewonnenes Selbstvertrauen gestalten würde, wieviel beweglicher und gesünder Sie sich fühlen würden. Aus all diesen Gedanken formen Sie Ihr kleines Wunschbild in der Ecke des großen Negativbilds.

● Lassen Sie das kleine Bild nun wachsen, machen Sie es hell und strahlend. Vergrößern Sie es so lange, bis es das negative Bild überzogen hat und dieses darunter verschwindet. Sie können es auch explodieren lassen und die Scherben oder Überreste begraben oder auf Nimmerwiedersehen wegwerfen!

● Auf dem Höhepunkt des positiven Gefühls genießen Sie Ihren neuen Gemütszustand einen kurzen Moment. Rufen Sie ein bekräftigendes »Swish!« oder ein Wort Ihrer Wahl.

Wenn Ihnen Ihr Wunsch wichtig und ernst ist und Sie die Swish-Übung richtig ausgeführt haben, wird Ihnen Ihr Gehirn jegliche Unterstützung geben und Sie ganz neu empfinden lassen. Sie können diese Übung machen, wann immer Sie es für notwendig halten.

Das Selbstbild verbessern

Hinter Aussagen wie »Niemand respektiert mich« oder »Niemand schätzt mich« verbirgt sich meist ein schlechtes Selbstbild des Menschen. Dieses resultiert aus mangelndem Selbstwertgefühl und Selbstvertrauen und stellt ein alles beeinflussendes Problem dar. Oft kann keine konkrete Einzelaussage darüber gemacht werden, wodurch dieser Zustand entstanden ist.

Beobachten Sie einmal die Menschen, mit denen Sie täglich zusammen sind: Ihre Familie, Ihre Freunde und Kollegen. An ihrem Verhalten können Sie bereits erkennen, welche Meinung über Sie herrscht. Vielleicht haben Sie das Gefühl, daß keiner Sie mag, daß Sie niemandem gefallen. »Woher kommt das nur?« fragen Sie sich. Sie versuchen es sich zu erklären, indem Sie Ihre Leistungen, Ihr Aussehen usw. minderwertiger als das anderer Menschen einschätzen. Genau in dieser Sichtweise liegt das Problem! Wenn Ihr Selbstbild schlecht ist, Sie also nur wenig von sich selbst halten und sich selbst nicht respektieren, wie sollen es dann die anderen können? Nur wer sich selbst liebt und achtet, kann auch von seinen Mitmenschen geliebt und geachtet werden.

Es ist eine alte Gesetzmäßigkeit: Was wir ausstrahlen, bekommen wir auch zurück. Die Menschen behandeln uns so, wie wir uns selbst behandeln. Wenn Sie sich selbst schätzen und gut mit sich selbst umgehen, werden die anderen Sie

Selbstbewußtsein bedeutet, die eigene Identität wahrzunehmen und zu schätzen. »Wer und was bin ich?« ist eine zentrale Frage für unser Dasein. Wird sie ausschließlich negativ beantwortet, bedeutet das eine verhängnisvolle Einschränkung: Fähigkeiten werden nicht entwickelt, Verhaltensmöglichkeiten nicht getestet. Es besteht die Gefahr, Niederlagen und Enttäuschungen regelrecht zu suchen, weil man glaubt, nichts anderes zu verdienen.

auch respektieren. Mit einem negativen Selbstbild hingegen lassen Sie sich übel mitspielen und nehmen das womöglich als normal hin. Sie denken: »Das bin ja nur ich, das kann ich wegstecken, es macht mir nichts aus.« Aber es macht Ihnen doch sehr viel aus, denn damit können Sie sich nicht gut fühlen. Das schlechte Verhalten Ihnen gegenüber müssen Sie so lange ertragen, wie Sie Ihre Meinung über sich selbst nicht ändern.

Jeder ist wertvoll

Jeder Mensch hat schon allein durch seine Existenz Liebe und Respekt verdient; dazu bedarf es keiner besonderen Leistung. Diese Ehrerbietung und Wertschätzung stehen Ihnen zu! Erkennen Sie, daß alle Menschen Teil des Universums sind und Sie ebenso dazugehören wie jeder andere auch. Erkennen Sie Ihren Wert für sich selbst und für die anderen!

Bei einem negativen Selbstbild können folgende typischen Symptome auftreten:
- Eifersucht und Neid
- Schwierigkeiten, Gefühle zu zeigen
- Unfähigkeit, Liebe zu geben und anzunehmen
- Selbsterniedrigung und Selbstbestrafung
- Schlechte Eigenkommunikation
- Kein Eingehen auf die eigenen Wünsche
- Eher Genuß von Unglück und Pech statt von Glück
- Vorrangiges Berücksichtigen der Bedürfnisse anderer
- Ständiger Vergleich mit anderen
- Angegriffene, labile Gesundheit

Es ist sehr wichtig, daß Sie positiv über sich selbst sprechen und sich auch loben, wenn Sie etwas gut gemacht haben. Wehren Sie Komplimente anderer Menschen nicht mit den

Bedürfnisse jedes Menschen:
- Biologische Grundbedürfnisse (Essen, Trinken etc.)
- Sicherheit, Schutz (körperlich, materiell)
- Soziale Zugehörigkeit (Liebe, Freundschaft, Gruppenverband)
- Ichbedürfnisse (Selbstachtung, Anerkennung, Geltung)
- Selbsterfüllung (Erfolg, Erreichen der persönlichen Ziele, Sinn im Leben)
Je stärker all das befriedigt wird, um so glücklicher fühlen wir uns.

Bei solch offener Zuneigung von mehreren Frauen stimmt das männliche Selbstbild zweifellos. Es gibt einen Weg dorthin.

Worten ab, daß das ja doch nicht stimme. Nehmen Sie ein Kompliment lächelnd an, und sagen Sie: »Danke schön.« Einen Fehler zu machen heißt nicht, daß Sie deshalb weniger wert sind. Wenn Sie überhaupt etwas verurteilen wollen, dann verurteilen Sie lediglich den Fehler, aber nicht sich selbst! Mit der Swish-Technik können Sie Ihr Selbstbild positiv beeinflussen und verbessern. Ihr Wunschbild, das Sie mit der Swish-Technik erschaffen, können Sie sich immer wieder ins Gedächtnis rufen, so daß für Ihr altes, negatives Selbstbild gar kein Platz mehr ist.

Wie Sie mit NLP ein positives Selbstbild erreichen

- Nehmen Sie eine bequeme Position ein, und entspannen Sie sich.
- Schließen Sie die Augen. Konzentrieren Sie sich auf sich selbst und Ihr Problem. Visualisieren Sie Ihr Selbstbild

Machen Sie ein kleines Experiment mit Ihrem Selbstwertgefühl: Schreiben Sie, ohne lange nachzudenken, das Wort »ich« auf ein Stück Papier. Daraus läßt sich einiges folgern – wie Sie auf der nächsten Seite nachlesen können.

Ist Ihr »ich« mit großem Anfangsbuchstaben, raumgreifend und schwungvoll geschrieben, läßt das auf ein gesundes Selbstbewußtsein schließen. Wirkt es dagegen unregelmäßig, klein und beginnt es mit einem kleinen i, weist das auf ein eher schwaches Selbstwertgefühl hin. Versuchen Sie dann doch mal, »ich« kraftvoll zu schreiben und ansprechend, mit Farben oder Verzierungen, zu gestalten!

zunächst, wie es sich Ihnen im Moment darstellt. Schauen Sie es genau an, nehmen Sie alle Einzelheiten wahr: Ihren Gesichtsausdruck, Ihre Körperhaltung, was Sie sagen und wie Sie es sagen, Ihre Kleidung, Ihre Umgebung, Ihre Stimmung, die ganze Atmosphäre.

● Lassen Sie ein sehr großes Bild entstehen, betrachten Sie es einen kurzen Moment.

● Machen Sie sich bewußt, daß Sie diesen Zustand nicht mehr haben wollen. Aus diesem Entschluß heraus kreieren Sie Ihren Wunschzustand.

● Formen Sie nun ein kleines Bild, und verändern Sie alle Aspekte des negativen Bilds so positiv wie möglich. Stellen Sie sich vor, wie Sie wirklich sein möchten. Wie würden Sie sich selbst sehen, wenn Sie die erwünschte Veränderung erreicht hätten? Es soll ein Bild von Ihnen selbst mit den erwünschten Qualitäten entstehen. Das Bild muß dissoziiert sein; Sie betrachten es also mit den Augen einer anderen Person. So ist es attraktiver und stärker motivierend.

● Wenn Sie das Bild erschaffen haben, prüfen Sie, ob es zu Ihren Lebensumständen paßt. Wenn Sie etwas daran stört, so verändern Sie diesen Punkt. Sie können so lange Korrekturen durchführen, bis Sie das Gefühl haben, daß alles für Sie optimal ist.

● Konzentrieren Sie sich auf das kleine, positive Bild. Genießen Sie das gute Gefühl, das es in Ihnen auslöst.
Lassen Sie es nun schnell wachsen und strahlend hell werden, bis es das alte, negative, große Bild verdrängt, ja vernichtet hat.

● Auf dem Höhepunkt des guten Gefühls sagen Sie ein lautes Wort wie »Swish!« oder »Ja!«.

Machen Sie die Übung mehrere Male hintereinander. Nach jedem Durchgang öffnen Sie kurz die Augen. Die Übung selbst soll jeweils nur ein paar Sekunden dauern.

Vorstellungsgespräche selbstbewußt führen

Sie haben einen Termin für ein Vorstellungsgespräch oder eine andere wichtige Verabredung und fühlen sich ziemlich unsicher. Führen Sie dieselbe Übung aus, wie im letzten Kapitel beschrieben. Nehmen Sie alle negativen Gefühle in Ihr erstes großes Bild. Danach schaffen Sie ein positives, kleines Bild in der rechten unteren Ecke des großen. Stellen Sie sich dann vor, wie Sie sich bei dem Vorstellungstermin selbst sehen, wie Sie sich fühlen und was Sie sprechen wollen. Verfahren Sie weiter wie in der Übung auf Seite 81f. Vielleicht können Sie auch Einzelheiten über die Firma und die Person, die Sie bei dem Termin treffen werden, in Erfahrung bringen.

Diese Vorkenntnisse, ein waches Bewußtsein, aufmerksame Wahrnehmung und viel Einfühlungsvermögen helfen Ihnen, beim Gespräch Rapport mit der fremden Person herzustellen. Die Rapport- und Swish-Technik geben Ihnen die nötige Ruhe und Sicherheit in Ihrem Auftreten.

Schuldgefühle abbauen

Schuldgefühle können viele Gründe haben. Woher sie auch kommen, sie wirken sich negativ auf unser Verhalten aus. Sie machen uns angst und verunsichern uns, lassen uns Dinge tun, die wir nicht mögen oder von denen wir nicht überzeugt sind. Es ist sogar möglich, sich selbst mit Schuldgefühlen zu kasteien. Das kann sich darin zeigen, daß wir uns selbst nicht erlauben, glücklich zu sein, Freude zu genießen und sie auszuleben. Aber auch Schuldgefühle lassen sich mit Hilfe der Swish-Technik abbauen.

Schuldgefühle entstehen, wenn wir meinen, Werte und Glaubenssätze anderer oder unsere eigenen verletzt zu haben, oder das tatsächlich geschehen ist. Wenn sie real ist, stellt Schuld ein Korrektiv dar, um Fehler in Zukunft zu vermeiden. Ist dieses Gefühl aber übertrieben, kann es dazu führen, daß wir die Achtung vor uns selbst verlieren und uns als Person wertlos fühlen.

Wer kennt es nicht, das schlechte Gewissen und die Schuldgefühle – menschlich! Nur falsche Schuldgefühle sind unnötig. NLP macht frei davon.

Bei dieser Übung geht es auch darum, die Unterschiede zwischen den eigenen Normen und denjenigen anderer Menschen herauszufinden und die Situation, in der wir uns »schuldig« gemacht haben, möglichst objektiv zu betrachten. Wichtig ist das Balancehalten zwischen eigenen und fremden Werten; eventuell müssen sie dazu revidiert oder neu definiert werden.

Wie Sie mit NLP frei von falschen Schuldgefühlen werden

● Begeben Sie sich hinein in das Gefühl von Schuld und schlechtem Gewissen. Vielleicht wissen Sie bereits, was die Ursache dafür ist. Dann können Sie in Ihrer Vorstellung mit diesem Bild arbeiten. Visualisieren Sie den Grund für Ihre Schuldgefühle.

● Sollte Ihnen die genaue Ursache jedoch nicht oder nur sehr verschwommen bekannt sein, so nehmen Sie zur Bearbeitung Ihres Schuldgefühls lediglich Ihren momentanen Gemütszustand und Ihr Verhalten in das Bild auf. Beobachten Sie Ihre Körperhaltung, Ihren Gesichtsausdruck und Ihr ganzes Benehmen für einen Augenblick.

● Dann vergrößern Sie das Bild, bis es das Format einer Kinoleinwand einnimmt, und betrachten es kurz.

● Rechts unten im Bild lassen Sie dann Ihr kleines Wunsch-

bild entstehen. Erleben Sie sich darin frei von Schuldgefühlen. Machen Sie sich klar, daß Sie zu dem Zeitpunkt, als
Sie sich die Schuld aufgeladen haben oder sie Ihnen von
anderen aufgeladen wurde, nicht anders handeln konnten
oder nichts dafür konnten.

● Empfinden Sie nun, wie Sie sich aus dieser Fessel von
Schuld, Angst und Unwohlsein lösen, wie Ihre eigene Wertschätzung zunimmt und Sie sich gut fühlen. Geben Sie dem
Bild starke, positive, sinnliche Reize: visuell (bunte Farben,
runde Formen), auditiv (Vogelgezwitscher, Meeresrauschen)
und kinästhetisch (laue Frühlingsluft, zarter Windhauch,
flauschige Kleidung). Genießen Sie dieses Gefühl von Freiheit und Unbeschwertheit.

● Lassen Sie das kleine Wunschbild zu einer großen, hellen,
alles überstrahlenden Vision anwachsen. Das alte, negative
Bild wird ganz automatisch dunkler, immer kleiner und verschwindet schließlich ganz. Sie können es auch explodieren
lassen und »entsorgen«!

Gesund sein durch positive Gedanken

Die oben beschriebene Übung können Sie auch bei einer
Krankheit durchführen. Unterbewußtsein und Bewußtsein
beeinflussen die Gesundheit. Jeder Gedanke, den Sie haben,
ruft eine biochemische Reaktion in Ihrem Körper hervor. So
wirken sich Freude und Frohsinn positiv, Streß und Ärger
hingegen negativ auf die Gesundheit aus. Die Giftstoffe, die
durch Streß, Wut, Neid, Eifersucht, Angst und Frustration
entstehen, machen krank. Der Geist leitet Botschaften an den
Körper weiter, die den biochemischen Haushalt verändern.
Die geistige Gesundheit spiegelt auch die körperliche
Gesundheit wider – und umgekehrt. Anhaltende ungelöste
Konflikte schlagen sich im Laufe des Lebens in Form von
(chronischen) Krankheiten nieder.

Wichtige Elemente, um gesund zu bleiben:
● Die Signale des Körpers wahrnehmen, verstehen und berücksichtigen
● Welche Nahrung brauche ich? Wieviel Bewegung?
● Mit welchen Menschen will ich mich umgeben? Mit welchen keinesfalls?
● Welche Arbeit macht mich zufrieden?
● Welche Bedürfnisse sind mir wichtig? Welche weniger?

Einheit von Körper und Seele

Viele Menschen leiden heutzutage unter Leistungsdruck, dem sie sich nicht gewachsen fühlen. Angst, Minderwertigkeitsgefühle und Frustration sind erste psychisch-seelische Erscheinungen. Es folgen meist Krankheiten wie Bluthochdruck, Erkältungen, Allergien, Magen- und Darmbeschwerden, Migräne, Herzinfarkt oder Krebs. Denken Sie deshalb immer daran: Glückliche Gedanken sind gesunde Gedanken!

NLP-Technik bei Ängsten

Angst ist ein Bestandteil der menschlichen Überlebensfähigkeit. Sie warnt vor Gefahren und vor Selbstüberschätzung. Wird ein Mensch aber von seinen Ängsten regiert, handelt es sich dabei nicht mehr um eine sinnvolle Daseinsfunktion. Dann kommt es zu erheblichen Einbußen an Lebensqualität und individueller Freiheit.

Angst ist nicht ausschließlich negativ zu sehen. Oft warnt uns eine ängstliche innere Stimme wie ein körpereigener Sicherheitsmechanismus auch vor Unglück. Angst sollte aber nicht lähmend sein, sondern in einem angemessenen Rahmen bleiben.

Wenn dies nicht so ist und Sie unter häufig wiederkehrenden Angstzuständen leiden, so zeigen Ihnen die folgenden Ausführungen einen Weg aus diesem Gefühlszustand heraus. Es handelt sich hier um erklärbare Ängste, die von Erlebnissen herrühren, die meist noch in der Erinnerung sind. Unerklärliche Ängste oder gar Phobien sollten von einem erfahrenen Therapeuten behandelt werden!

Da NLP hauptsächlich mit Bildern und dabei entstehenden Gefühlen arbeitet, ist die Erinnerung an eine entsprechende Situation sehr hilfreich, wenn Sie Ängste selbst bearbeiten wollen.

Erinnern Sie sich jedesmal, wenn Angst auftritt, an die Ursache, die dieses Gefühl bei Ihnen hervorgerufen hat.

Halten Sie sich vor Augen, daß Sie sich nur bei jenem Erlebnis an jenem Ort in der Vergangenheit schlecht gefühlt haben, betrachten Sie dies als abgeschlossenen Vorgang. Das vergangene Geschehen ist ein für allemal vorbei! Es sollte nicht der Grund dafür sein, noch in der Gegenwart unter dem daran gekoppelten ängstlichen Gefühl zu leiden. Häufig wird eine Auflösung von Ängsten dadurch erreicht, daß eine Konfrontation mit der Angstsituation herbeigeführt wird. Für viele Menschen wird dieser Vorgang leichter, wenn sie ihn zusammen mit einer Person ihres Vertrauens durchführen. Auch wenn Ängste »nur« in unserer Vorstellung existieren und nicht wirklich ein Erlebnis vorliegt, haben sie Macht über uns, denn sie leben in unseren Gedanken so, als wären sie wahr! Manche Angstzustände können auch durch krankhafte Vorgänge im Körper ausgelöst werden, wie z.B. Höhenangst und Platzangst, die häufig bei Kreislaufkrankheiten, wie erhöhtem Blutdruck, oder Schilddrüsenkrankheiten auftreten können.

Der einfachste Weg, negative Gefühle aus der Vergangenheit wiederzuerleben und auch aufzuarbeiten, ist, sich mit der damaligen Situation zu assoziieren, also sich wieder ganz in sie hineinzubegeben. Sie visualisieren das vergangene Erlebnis vor Ihrem geistigen Auge: Sie sehen, hören und fühlen ganz genau, was damals alles geschah. Es übt wieder eine ähnlich starke Wirkung wie in der Vergangenheit auf Sie aus. Wenn Sie sich dagegen vom Geschehenen dissoziieren, sich die Szene also nur als außenstehender Beobachter anschauen, wird für Sie das Gefühl sehr viel schwächer sein.

Wie Sie mit NLP Ängste auflösen

● Rufen Sie sich zunächst eine Situation in Ihrem Leben ins Gedächtnis, in der Sie sich besonders gut und sicher gefühlt haben. Begeben Sie sich in dieses Gefühl von Sicherheit und Geborgenheit ganz hinein.

Die meisten Menschen, die unter übermäßigen Angstzuständen leiden, wissen in der Theorie sehr genau, daß diese Ängste unbegründet sind. Doch rationale, vernünftige Überlegungen gehen in Momenten der Furcht unter; sie haben dann keine Chance, Überzeugungsarbeit zu leisten.

● Sie können dieses positive Gefühl zusätzlich mit einem kinästhetischen Reiz verstärken und ankern, indem Sie eine beliebige, Ihnen angenehme Geste wählen. Falten Sie z.B. die Hände, oder kreuzen Sie die Arme vor der Brust, und umfassen Sie dabei mit den Händen die Oberarme.

● Schließen Sie nun die Augen. Stellen Sie sich eine Kinoleinwand vor, auf der Sie das Bild der vergangenen Situation sehen, die Ihre Angst ausgelöst hat.

● Lassen Sie das Bild vor Ihrem inneren Auge stehen, und schauen Sie sich darauf an. Dann stellen Sie sich vor, daß Sie sich aus dem Bild herauslösen und hinausschweben. Sie bleiben wie ein Zuschauer vor der Leinwand stehen und betrachten das Bild aus einiger Distanz.

● Aus dieser dissoziierten Position kreieren Sie jetzt einen kleinen Kinofilm: Schauen Sie sich zu, wie Sie als Ihr jüngeres Selbst von damals noch einmal die gleiche Erfahrung machen. Beobachten Sie dabei Ihre Bewegungen, Ihre Körperhaltung und Ihren Gesichtsausdruck.

● Nun stellen Sie sich das Erlebnis auf drei zeitlich verschiedenen Ebenen vor:

1. Kurz vor der imaginären Gefahrensituation, als Sie noch ohne Angst waren

2. Ganz kurz die Gefahrensituation selbst

3. Die Zeit danach, als Sie wieder in Sicherheit waren

Durch die Dissoziierung können Sie den Vorgang wie ein Video vorwärts und rückwärts abspielen lassen, ohne dabei eine starke emotionale Beteiligung zu verspüren.

● Sollten trotzdem Angstgefühle auftauchen, lassen Sie den Film einfach reißen und schauen eine leere Leinwand an.

● Nach einer kurzen Pause lassen Sie den Film in etwas veränderter Form noch einmal ablaufen. Verkleinern Sie z.B. das Bildformat, entfernen Sie das Bild weiter von sich, dunkeln Sie es ab, oder stellen Sie die Geräusche und Stimmen leiser.

Oft schlägt sich Angst auch in der Körperhaltung nieder: Die Schultern sind hochgezogen, der Kopf ist gesenkt, der Nacken verkrampft, die Blickrichtung geht von unten nach oben, der Atem stockt leicht. Man sollte dann bewußt versuchen, eine gelöste Haltung einzunehmen: gerader Rücken, aufrechter Kopf, fester Stand auf dem Boden, tiefes Durchatmen. So weicht der Angstdruck leichter.

- Sie können den Film auch einfach verblassen lassen. Damit schwächen Sie die Intensität der negativen Gefühle und erleichtern sich den weiteren Umgang mit der Erfahrung.
- Nun können Sie Ihren kinästhetischen Sicherheitsanker, den Sie zu Beginn der Übung gesetzt haben, wieder aktivieren und sich damit ein gutes Gefühl verschaffen.
- Kommunizieren Sie mit Ihrem jüngeren Selbst von damals. Sagen Sie ihm, daß alles überstanden ist und es sich sicher fühlen kann. Sagen Sie ihm auch, daß ihm durch neue Erfahrungen in der Gegenwart und Zukunft weit mehr Verhaltensmöglichkeiten zur Verfügung stehen, um mit dem damaligen Ereignis zurechtzukommen.
- Versuchen Sie nun, sich mit Ihrem jüngeren Selbst wieder zu vereinigen. Spüren Sie dabei die Ruhe und Harmonie, wieder eins mit der Gegenwart zu sein. Erholen Sie sich; geben Sie sich etwas Zeit dafür.

Mit dieser NLP-Technik werden Sie wahrscheinlich nicht ganz angstfrei werden. Sollten Sie zu einem späteren Zeitpunkt erneut einen Anflug von Angst verspüren, wird sie aber bestimmt nicht mehr so lähmend und gewaltig sein. Sie werden sich insgesamt erleichtert fühlen.

NLP im Dienst eines harmonischen Miteinanders

Abschließend noch einige wichtige Worte zu den in diesem Buch dargestellten NLP-Techniken und NLP-Übungen: NLP darf auf keinen Fall zu manipulativen Zwecken eingesetzt werden! In diesem Sinne ist sein Mißbrauch ethisch und moralisch zu verurteilen. Sein wahrer, richtiger Gebrauch hat mit Liebe und Güte zu tun, die hinter allem Denken, Fühlen und Handeln stehen sollen. Dies spiegelt sich wider in der

Wie schon bei anderen Übungen kann auch beim Auflösen von Angstzuständen eine Wortliste hilfreich sein. Diesmal stellen Sie angstbesetzte Begriffe zusammen, z. B. Prüfung, Schmerzen, Krankheit, Einsamkeit, Versagen etc. »Entmachten« Sie diese Wörter durch eine fröhliche, bunte, verzierte und verspielte Schreibweise!

In unserer Gesellschaft wird viel Wert auf die Anhäufung von Wissen und die Ausbildung rationaler Fähigkeiten gelegt. Der Umgang mit Gefühlen dagegen wird vernachlässigt – sie zuzulassen oder auf sie zu hören wird oft als Zeichen von Schwäche gesehen. NLP will Bewußtes mit Unbewußtem kombinieren und alle Teilaspekte der Persönlichkeit so schulen, daß sie gemeinsam wirken können und sich nicht gegenseitig behindern.

Achtung und Liebe zu uns selbst, zu anderen Menschen und zur Schöpfung. Wenn wir im Laufe unseres Lebens eine solche allumfassende Liebe entwickeln können, haben wir das Wichtigste erreicht.

Mit dieser Bewußtseinshaltung geht fast alles wie von selbst: Wir können uns und andere akzeptieren und annehmen, können verzeihen und tolerieren und die unendlichen Ressourcen in uns und um uns optimal nutzen. Auf diesem Weg kann das NLP Sie begleiten und Sie in neue Dimensionen führen.

Viel Spaß und Erfolg mit Ihrem Königreich – Ihrer Gedanken- und Gefühlswelt!

Ist der Mensch mit sich selbst im reinen, kann er die unterschiedlichsten Beziehungsebenen pflegen – auch wenn eine Generationskluft dazwischenliegt.

Glossar

Anker

Unter einem Anker versteht man die Verbindung, die neurologische Kopplung zwischen einem äußeren Reiz (Stimulus) und dem inneren Zustand, der dadurch ausgelöst wird. So kann z. B. mit Meeresrauschen Urlaubsstimmung oder das angenehme Gefühl von Wärme und Erholung assoziiert werden. Man kann aber auch negative Anker haben. Beispielsweise kann ein als unangenehm empfundener Tonfall sofort Zorn auslösen. Anker können über alle fünf Sinneskanäle gesetzt werden.

Assoziiert sein

bedeutet, ganz und gar in einem Erlebnis oder einer Erinnerung zu sein, etwas mit den eigenen Augen zu sehen, voll und ganz mit seinen Sinnen daran beteiligt zu sein (vgl. dissoziiert sein).

Auditiv

Den Hörsinn, das Hören betreffend.

Augenzugangshinweis

Bewegung der Augen in eine bestimmte Richtung, die visuelles, auditives oder kinästhetisches Denken in einer konkreten Handlungssituation anzeigt.

Dissoziiert sein

bedeutet, ein Erlebnis oder eine Erinnerung aus der Beobachterposition zu betrachten, sich innerlich zu distanzieren. Man beobachtet und hört sich selbst.

Eigenkommunikation

Die Zwiesprache mit sich selbst, um emotionale Zustände besser zu verstehen und das Verhalten zu beeinflussen.

Glaubenssätze/Beliefs

Überzeugungen und Verhaltensprinzipien, nach denen wir leben und die Welt sehen. Sie werden bestimmt von Werten, die ihre subjektive Definition durch Erfahrungen in der Vergangenheit erhalten haben.

Gustatorisch

Den Geschmackssinn, das Schmecken betreffend.

Internale Repräsentation

Abbild von Informationen, die innerlich verschlüsselt und in Form von Bildern, Tönen, Gefühlen, Gerüchen und Geschmack abgespeichert werden. So kann man z. B. frühe Kindheitserinnerungen als inneres Bild abrufen.

Kinästhetisch

Den Tast- und Bewegungssinn, das Fühlen und Berühren, allgemein die Muskelempfindungen betreffend.

Kommunikation

bedeutet, Informationen durch Sprache, Zeichen, Symbole und Verhalten zu übermitteln. Kommunikation bewegt sich von einem Ausgangspunkt auf einen Endpunkt zu, d. h. von einem Sender zu einem Empfänger. Das geschieht mittels eines Kodes über einen Kanal (z. B. gesprochenes Wort, Schallwellen).

Kongruenz

Zustand, in dem Übereinstimmung herrscht; es arbeiten alle Persönlichkeitsanteile (äußeres Verhalten, innere Zustände, Fähigkeiten, Werte und Physiologie) für ein gemeinsames Ziel.

Leading

(engl.=führen) Die eigene Verhaltensweise in einer Situation verändern und dabei so viel Rapport (siehe dort) beibehalten, daß eine oder mehrere andere Personen ebenfalls mit einer Verhaltensänderung folgen.

Linguistisch

Die Struktur der Sprache betreffend. Untersucht wird im NLP, welcher sprachliche Ausdruck welche Wahrnehmung und Empfindung auslöst.

Matching

(engl. = angleichen) Sich teilweise an das Verhalten eines anderen angleichen, z. B. in Gestik und Körperhaltung, mit dem Ziel, Rapport zu gewinnen oder zu verstärken.

Mirroring

(engl.=spiegeln) Den Teil des Verhaltens eines anderen spiegeln, d. h. übernehmen und sich daran anpassen, mit dem Ziel, Zutritt in seine innere Welt zu erhalten.

Mismatching

(engl.=abgrenzen) In einer Kommunikationssituation bewußt andere Verhaltensmuster als das Gegenüber annehmen, zum Zweck des Abbruchs eines Gesprächs oder um ihm eine andere Richtung zu geben.

Modalität = Repräsentation

Art und Weise, wie sinnliche Wahrnehmungen über die Sinneskanäle aufgenommen und abgespeichert werden (visuell, auditiv, kinästhetisch, gustatorisch und olfaktorisch). Siehe auch Submodalitäten.

Modell

Praktisch anwendbare Beschreibung, wie etwas funktioniert, bzw. Vorbild, das angestrebte Verhaltensmuster zeigt. Kann auch zur Nachbildung bzw. Kopie einer erfolgreichen Strategie benützt werden. Der Zweck eines Modells ist es, nützlich zu sein und mit seiner Hilfe schneller zum Ziel zu gelangen.

Modellieren

Vorgang mit dem Ziel, Verhaltensweisen erfolgreicher Vorbilder herauszufinden und für die eigene Zielverfolgung zu bearbeiten und zu übernehmen.

Neurologisch

Den Aufbau und die Funktion des Nervensystems betreffend. Im NLP wird versucht, neue nervliche Verknüpfungen für eine Wahrnehmungs- und Verhaltensänderung zu nutzen.

Ökologie

Beziehungen des Menschen zu seinem Umfeld. Die innere Ökologie bezeichnet das Verhältnis der Persönlichkeitsanteile eines Menschen zueinander.

Ökologiecheck

Überprüfung der Auswirkungen eines angestrebten Ziels auf das Umfeld; die Folgen für Familie, Freunde und Beruf etc. werden untersucht.

Olfaktorisch

Den Geruchssinn, das Riechen betreffend.

Pacing

(engl.=begleiten, mitgehen) Rapport mit einer anderen Person herstellen und während des Gesprächs verstärken, indem man sich in ihre innere Welt, ihre Denkweise intensiv hineinversetzt.

Rapport

Übereinstimmende Verhaltenselemente zwischen miteinander kommunizierenden Personen. Bedingung dafür ist, daß die kommunizierenden Menschen spüren, daß sie dieselbe »Wellenlänge« haben. Sie sind durch Gemeinsamkeiten miteinander verbunden und können jeweils in die innere Welt des anderen eintauchen; das erzeugt Verständnis, Vertrauen und ein Gefühl der Geborgenheit.

Rapport kann spontan und unbeabsichtigt entstehen, oder er kann, z. B. durch Angleichen oder Abbilden, zur Harmonisierung und Verbesserung der Kommunikation bewußt hergestellt werden.

Repräsentation siehe Modalität

Repräsentationssysteme

Kodierungen sensorischer Informationen über das visuelle, auditive, kinästhetische, olfaktorische und gustatorische System, das innere Bilder, Klänge, Gerüche, Geschmackseindrücke und Gefühle in unserem Gehirn abspeichert.

Ressourcenarmer/ressourcenreicher Zustand

In einem ressourcenarmen Zustand befindet sich ein Mensch dann, wenn eine Situation nicht gemeistert werden kann; man fühlt sich energielos, schwach, den Anforderungen nicht gewachsen – man hat kein Potential, auf das man sich berufen kann und das diesen Zustand überwinden hilft.

In einem ressourcenreichen Zustand ist das Gegenteil der Fall: Man ist voller Energie, schwierigen Situationen geistig und körperlich gewachsen.

Strategie

Bestimmte Abfolge von Schritten, die auf ein gesetztes Ziel gerichtet sind. Die einzelnen Etappen werden in ihrer Reihenfolge sowohl vom Ziel als auch von den individuellen Anlagen eines Menschen bestimmt. Ist ein Ziel vertraut, wird es oft angestrebt, so ist die Art und Weise, es anzugehen, bereits internalisiert, d. h. bekannt, und muß nicht jedesmal neu erdacht werden.

Submodalitäten

Die Untereigenschaften der fünf Sinneswahrnehmungen sind entscheidend für den individuellen Umgang mit Menschen und Situationen. Sie sind die feinen Nuancen eines sinnlichen Signals, z. B. der Tonfall des Gesagten (auditiv) oder die Qualität eines bestimmten Dufts (olfaktorisch).

Submodalitäten können als angenehm oder unangenehm empfunden werden. Zumeist nimmt man sie nicht bewußt wahr, dennoch prägen und beeinflussen gerade sie über das Unterbewußtsein das Empfinden einer bestimmten Situation.

Swish/Hush

(engl. to wish/to switch = wünschen/umschalten; to hush = abdämpfen)

Eine der wichtigsten NLP-Techniken. Durch Visualisierung werden ein inneres Bild des Ist-Zustandes und ein Wunschbild (wish) mit genauen Submodalitäten geschaffen, die einander jeweils als Gegensatzpaar gegenübergestellt werden. Durch gezieltes Umschalten in der sinnlichen Wahrnehmung wird ein negativer Aspekt sehr rasch gegen einen positiven ausgetauscht (switch/hush), bis nach und nach der gewünschte Zustand ganz erreicht ist und auf Dauer wirksam bleibt.

Visuell

Mit dem Auge wahrnehmend, den Sehvorgang betreffend.

Visualisieren

Verfahren, mit dem innere Bilder von Ideen oder Erinnerungen vor dem geistigen Auge entstehen. Mit einer geübten Visualisierung baut man sich sehr detaillierte und farbige, klangvolle Bilder auf, die als persönliches Ziel gesetzt werden.

Wahrnehmung

Wahrnehmung ist die subjektive Aufnahme von Geschehnissen über alle fünf Sinne; jeder Mensch nimmt anders wahr.

Zustand

Die eigene Stimmung, das Grundgefühl. Der Zustand eines Menschen resultiert aus dem Zusammenspiel von physischer und psychischer Befindlichkeit. Er beeinflußt direkt oder indirekt die Wahrnehmung und deren Interpretation für sich selbst, damit natürlich auch die Handlungsfähigkeit in unterschiedlichen Situationen.

Über die Autorin

Gisela Geiger arbeitet seit Jahren selbständig als NLP-Beraterin und Kinesiologin. Ihr umfangreiches Wissen aus beruflichen Ausbildungen, u. a. Heilpraktikerin, Aromatherapeutin und Masseurin, verschafft ihr ein breites Spektrum in ihrer Tätigkeit als Lebens- und Gesundheitsberaterin.

Literatur

Ertl, Antje: Kinesiologie. Gesund durch Berühren. Südwest Verlag. München 1996

Kutschera, Gundl: Tanz zwischen Bewußt-sein & Unbewußt-sein. NLP-Arbeits- und Übungsbuch. Junfermannsche Verlagsbuchhandlung. Paderborn 1994

O'Connor, Joseph/Seymour, John: Neurolinguistisches Programmieren: Gelungene Kommunikation und persönliche Entfaltung. Verlag für angewandte Kinesiologie GmbH. Freiburg. 6. Auflage 1996

Robbins, Anthony: Grenzenlose Energie. Das Power-Prinzip. Norman Rentrop Verlag. Bonn. 9. Auflage 1996

Hinweis

Das vorliegende Buch ist sorgfältig erarbeitet worden. Dennoch erfolgen alle Angaben ohne Gewähr. Weder Autorin noch Verlag können für eventuelle Nachteile oder Schäden, die aus den im Buch gemachten praktischen Hinweisen resultieren, eine Haftung übernehmen.

Bildnachweis

Bilderberg, Hamburg: 27 (Frieder Blickle); Das Fotoarchiv, Essen: 14 (Andreas Riedmiller), 36 (John Harrington), 72 (Bernhard Nimtsch); IFA-Bilderteam, Taufkirchen: Titelbild (TPL), 1 (Weststock), 6 (LDW), 42 (Bumann), 53, 61 (Diaf), 56 (Förster), 75 (AGE), 81, 90 (J. Heron), U4 (March); The Image Bank, München: 8 (Renzo Mancini), 12 (R. Schneider), 24 (Yellow Dog Prods), 32, 84 (David de Lossy), 40 (Real Life), 44 (Mahaux Photo), 50 (Jill Enfield); Tony Stone, München: 66 (Sean Arabi)

Impressum

© 1996 Südwest Verlag GmbH & Co. KG, München Alle Rechte vorbehalten Nachdruck – auch auszugsweise – nur mit Genehmigung des Verlages

Redaktion:
Jutta Keller, Nicola von Otto

Projektleitung:
Stephanie Wenzel

Redaktionsleitung:
Josef K. Pöllath

Bildredaktion:
Rainer Schmitzberger

Produktion: Manfred Metzger

Umschlag: Till Eiden

DTP/Satz: Klaus Lutsch

Druck: Color-Offset, München

Bindung:
R. Oldenbourg, München

Printed in Germany

Gedruckt auf chlor- und säurearmem Papier

ISBN 3-517-01865-1

Register